真訳 五輪書

自分を超える、道を極める

宮本武蔵 著
アレキサンダー・ベネット 訳・解説

PHP

真訳　五輪書　自分を超える、道を極める　目次

「宮本武蔵」像
〈武蔵塚公園（熊本市）にて訳者により撮影〉

序説

宮本武蔵は死んでいない
―『五輪書』に息づく教えと向き合って―

世界が憧れる一人のサムライとの遭遇

「五輪」といえば、ほとんどの人が、宮本武蔵の著作とされる『五輪書』ではなく、オリンピックを先に思い浮かべるであろうが、実は、この二つはまったく無関係というわけでもない。

一九三六年のカイロで行われた国際オリンピック委員会総会で、一九四〇年夏季オリンピックの東京開催が決定したとき、川本信正（故人）という伝説のスポーツジャーナリストが、六文字の「オリンピック」の代わりに、「五輪」という略称を一九三六年七月二十五日の読売新聞の記事のタイトルに使用した。それは、宮本武蔵の『五輪書』からインスピレーションを受けたからだという。

今も日本だけではなく世界中で広く読まれているその『五輪書』は、私のような武道家だけでなく、日本のサムライが斬り合いをした時代に関心を持つ一般読者にも愛読されている。武蔵によるストラテジーは、現代の軍事指導者や、株式市場で大儲けしようとしている投資家たちにまで影響を及ぼしてきた。さらには、競技スポーツの場での戦績を向上させるためのスポーツ心理学の観点からも注目されてきた。

そのように、最も著名な剣豪といえる武蔵だが、彼の人生の詳細は、謎に包まれたままである。謎が多いからこそ、伝説が語りつがれ、強い関心が寄せられてきたのかもしれない。

おそらく多くの日本人と同じように、私も最初に吉川英治の名作『宮本武蔵』に出会い、武蔵の凄さに刺激を受けた。戦前に書かれたこの小説によると、武蔵は幼なじみの又八と共に、十代の若い頃から関ヶ原の戦いに西軍側で参戦、武士らしく戦場で勇敢さを示し、手柄を上げ、存在感をアピールしようと臨んでいたが、徳川家康の率いる東軍を相手に敗北の苦さを味わう（この参戦については諸説があるのだが）。

その後、俗世を捨て、剣士として武者修行の生活に心身ともに飛び込む。『ロード・オブ・ザ・リング』のガンダルフのような、沢庵《たくあん》和尚からの賢明な助言を受けながら、兵法の道の極意を次第に理解していく。時折、お通《つう》という美しい女性が現れ、武蔵を武の道から愛の道へと誘惑する。しかし武蔵は日本のサムライらしく、彼女の魅力に抵抗し、ストイックに「独行道《どっこうどう》」を歩み続ける。

吉川の小説では、全国の剣豪たちとの決闘を求めて、生死ギリギリの真剣勝負の場で、自らの力を試し続ける武蔵の生き様が強調される。京都の誉れ高き武士の一族である吉岡家に決闘を申し込み、単独で数十名を打ち負かす。小説のクライマックスは、辺鄙な巌流島で、最大のライバルとされる佐々木小次郎との勝負である。

「物干し竿」と呼ばれる巨大な名刀を持つ小次郎は、武蔵が本土から小舟で到着するのをせっかちに待つ。しかし、武蔵はゆっくりとマイペースで、舟をこぐオールを削り、粗野ながら破壊力のある木刀をつくる。髪が目にかからないよう、ハチマキを締める。二人がようやく浜辺で直面する。緊張が高まり、クレッシェンドが最高潮に達すると、二人は突然始動する。そして武蔵は、小次郎の頭蓋骨を押し潰す完璧なタイミングの打撃で勝利する。

ところが、同じタイミングで、小次郎の切っ先は、武蔵のハチマキに到達していた。武蔵の優れた技術の精度と危なっかしい生き方、人生の不安定さを強調するかのように、額から血が流れ落ちる……。

剣道を通じて『五輪書』を知る

武蔵の人生前半とその功績が著された吉川小説『宮本武蔵』は、その後の漫画、映画、テレビ番組など、大衆文化の中で多くの物語の青写真となった。空前のヒット作となった井上雄彦による漫画『バガボンド』（講談社）も原作を吉川英治としている。主にフィクションの作品であるにもかかわらず、吉川の武蔵像は、今ではほとんどの日本人が、歴史的事実に近いものを表していると思い込んでいる。

ただ吉川はその後、『随筆 宮本武蔵』（講談社）という書を書き、武蔵についての信できる歴史資料があるとすれば、それはほとんどなく、「この活字の一段組みで六、七十行ぐらいに尽きている、その程度が宮本武蔵の史実だといってよい」と認めている。武蔵と真剣に向き合いたい人は、そのことを心にとめておかなければならない。

そしてこの吉川の『宮本武蔵』に描かれる純粋なサムライの姿、その厳しい修行の道と、司馬遼太郎が描く「武蔵」像は対照的である。吉川の次の世代の国民的作家として名をはせた司馬は、武蔵は天才には違いないけれど、出世欲などもあって、彼も我々と同じ人間だったというリアルを我々に提供する。

私は剣道（教士七段）をしていることもあり、最近は、年も取ってきたからか、司馬の描く武蔵像に圧倒的に惹かれる。しかし、歴史的な正確さなどにはこだわりを持たなかった若いころの私は、吉川小説の中で描かれるロマン溢れる武蔵のサムライの姿に心惹かれてしまったのである。

高校時代、交換留学生として一年間、日本で剣道を学んだ私にとって、武蔵は目指すべき頂であり、ある種の鋳型のような存在となった。数年後には再び来日し、武蔵のいう「兵法」の道に本格的に進まなければならないという覚悟を決めてしまったのである。再来日後、千葉県に新設された国際武道大学に短期留学し、そこで『五輪書』のことを初めて知った。さらに、剣道を学んだ高校の道場に飾ってあった掛け軸の言葉が、実は武蔵の言葉をアレンジしたものであったことにも、初めて気付いた。

「鍛《たん》は千日の汗、錬《れん》は万日の汗、勝負は一瞬なり」

千日の稽古をもって「鍛」となし万日の稽古をもって「錬」となす。勝負は一瞬で決まる。一日の稽古が終わるたびに、この言葉を、胸の高鳴りに合わせて唱える私がそこにいた。

武蔵が追い求めた世界――地・水・火・風・空

『五輪書』は、武蔵自身が生涯をかけて取り組んできた兵法の道を軸として、武士の立場から、説いたものである。タイトルが示すように、『五輪書』は五つの巻で構成される。地《ち》・水《すい》・火《か》・風《ふう》・空《くう》である。

『五輪書』は、武蔵が創立した二天一流の「秘伝書」として書かれなかった。武蔵のナンバーワンの弟子である寺尾孫之丞《まごのじょう》のために残した「相伝」というより、「遺贈」のオープンな兵法教本である。孫之丞が後に写本を書き、トップの門下生に渡していることから、二天一流の一部（系統が色々ある）の中で秘伝化していく。一九〇九年に初めて、三橋鑑一郎補注『二刀一流剣道秘要』（武徳誌発行所）と宮本武蔵遺蹟顕彰会編『宮本武蔵』（金港堂書籍）が公刊されるまで、ほとんど書物の存在は知られていない。

悲しいことに、『五輪書』の原本はもう現存していない。城の火事で焼失したという。『武州伝来記』（一七二七年）にはこのように記されているが、いつどこの火事だったかは謎のままである。

また、一つひとつの巻物を、五輪の一つとして名付けたのであるが、武蔵は実は、この五巻を『五輪書』とは名付けていない。長岡（松井）寄之や豊田正脩《まさなお》の手記の中で、速記の題名として考案されたようである。現在までに、五巻すべてを含む手書きの写本は、十冊しか発見されていない。これらの出版物の中で多くの関係者によってよく使われる武蔵の死後二十二年後に写された細川家本は、孫之丞の写本の一つであろう。

最初の「地」の巻《まき》には、武蔵が、自身の前半の人生を記録している。そして、軍事戦術や流派の背景にある考えや思想についても紹介している。彼は、兵法の道は将軍にも足軽にも適用可能であると主張している。また武士が、真剣に道を極めようとするうえで従うべきプリンシプルについての言及も含まれている。

次の「水」の巻で武蔵は、心身の姿勢、目付《めつけ》、太刀の扱い方、足さばき・体《たい》さばき、戦闘姿勢・構えなど、個人の戦闘における剣術の実践的な側面を詳細に解説している。「火」の巻では、一対一の決闘だけでなく、数千人規模の大規模な戦いにも対応できるよう、決闘の場の選び方、主導権を握って敵をコントロールする方法、戦略などを解説している。「風」の巻では、他の流派の剣術を批判し、その弱点をまとめている。

最後の「空」の巻は短く、やや不明瞭な部分である。「空」を参照して、すべての芸道の最高レベルを開示している。かなり抽象的ではあるが、「解放」を見つけるために、自分の心の中で達成しなければならない空虚の状態を説明している。

また、「空」については、仏教的な涅槃《ねはん》ではなく、高い達成感と明晰さの状態であると簡潔に述べている。それはどちらかというと、混乱の雲を突き破り、限りなく澄んだ空にさらされるようなものだ。自分の流派の基礎を説明するために「地」という言葉を用い、兵法のマインドを「水」とし、戦いや決闘の熱気の中で起こることを「火」にするなど、「五輪」と兵法の性質が見事に当てはまるという感覚を得て、それぞれの巻にネーミングをしたのだろう。

『五輪書』と『兵法家伝書』の比較から見えてくるもの

武蔵と同時代を生きた剣豪である柳生宗矩《むねのり》は、一六三二年に『兵法家伝書』を著した。『五輪書』と比較することで、それぞれのよさを理解することができる。『兵法家伝書』の内容は、宗矩の父宗厳《むねよし》と新陰流の祖である上泉伊勢守《かみいずみいせのかみ》の技術体系が融合したものであり、能や禅の思想の影響を強く受けている。吉川小説と違って、武蔵は禅僧として有名な沢庵宗彭《そうほう》と面識はなかった。沢庵が親しい関係を持っていたのは宗矩である。『兵法家伝書』のメンタルな教えの中心には沢庵の理論がある。

好評を博した宗矩の解説は、兵法に対する複雑で深い心理学的なアプローチを採っている。それは、武家社会の上層部を占めていた彼の強力な（将軍・大名クラスの）弟子たちにかなりの影響力を持っていた。

剣術の基礎的な教えだけではなく、より重要な統治のための政治的な鋭敏さを育てるための指針も書かれており、剣術、兵法とガバナンスを同類のものとして体系化した重要な武道書物といえる。宗教性への強い言及によって強化され、博学で洗練されたものでもある。武術が、政治的イデオロギーや生き方など、戦争以外の何かに関連していることを明確に示した書物として早い例の一つである。

宗矩と武蔵の間には類似点が多くある。両者ともに、兵法における考え方に重点を置いている。また、戦略の習得がいかに生涯にわたっての勤勉な修行を必要とするか、それがいかに人生の他の側面に適用されるかといったことにもヒントを与えてくれるだろう。

武蔵の著書の特徴として、兵法と他の芸道や職業（大工など）との間の類似性が描かれている。全体的に武蔵の論は、表面的には宗矩の論よりも単純なように見える。武蔵は、不明瞭な禅や儒教の概念にはほとんど触れていない。「五輪」が仏教の教義を指していても、それは武蔵の意図ではない。

例えば仏教でいう「空」は「固定的身体がある・ない」を示すのに対して、武蔵のいう

「空」は「何もないところ」である。つまり、「曇り空」ではなく、「晴れた空」である。将軍家兵法指南であった宗矩が、身分の高い武士のために書いたのに対し、武蔵は自分の弟子たちにしか関心がなかったようだ。また、武蔵は他流派をあからさまに批判し、見習うべきではない弱点を指摘している。このような他流派への糾弾は、宗矩の作品にはない。

こうした比較から、総じていえることは、武蔵の書は、「地に足の着いた（down-to-earth=現実的で錯覚を起こしていない）」ものであり、長年の命懸けの努力によって定式化されたものであるということだ。そして、武蔵の血と汗が染み込むこの書から見えてくるのは、徹底して貫かれる「合理性」である。そこに、唯一無二の価値があると私は思うし、この書を読み進めていくと、賢明な読者はそのことに気付くはずである。

孤独と向き合い続けたであろう宮本武蔵

最後に、剣道と日本の武道文化と歴史を三十年以上にわたって研究してきた私だが、武蔵の教えを、言語的に精神的に、そして技術的にも有効な解釈ができるところまで到達できたというつもりは毛頭ないけれども、十七歳のときに武蔵と出会った自分を振り返ってみると、だいぶ見えてきたような気がする。

私と同じく、現代の剣道家は、もちろん、死闘を求めて世界を放浪しているわけではない。格闘技ファンに愛読される板垣恵介の漫画『刃牙道《バキどう》』（秋田書店）では、武蔵のクローンに魂が吹き込まれ、現世に蘇り、相対する敵を斬り捨てていく。しかし平穏な日本の現世が、彼の居場所ではないことを、彼自身が悟っていることが絶妙に描かれている。命を懸けた斬り合いは、現代ではあってはならないものである。

しかし、そのように時代は変わっても、「宮本武蔵」は死んでいないと私は思う。武道家として、そう確信する。武蔵の教えは間違いなく今も生きている。特に剣道の考え方、さらに技術面においても、その中心をなすものとなっている。五十歳代になった私には、三十年前に『五輪書』を読んだときには想像もできなかったほど、武蔵の知恵が、心に響く。というのも、武蔵の自己との戦いの凄絶さが、人生の年輪を重ねるほどに、分かってくるからだ。

ただ、武蔵は決して聖人君子ではない。本来の性質は、一種の「サイコパス」であったかもしれない。社会で普通に生きることに適さないとされる面を持っていたように思われる。しかしそうした性質は、度合いはあれ、どの人にも潜在的にあるものではないか。その自己と、どう向き合うかで、その人の人生が決まるのだと思う。

オックスフォード大学の心理学者ケヴィン・ダットン博士と元ＳＡＳ隊員のアンディ・マクナブの共著の邦訳書『サイコパスに学ぶ成功法則』（竹書房）が二〇一六年に刊行されたが、同書では「サイコパス」が成功を得るための有用な特徴が紹介されている。

ただ実行するだけで、先延ばしにしたり、悩んだりすることに貴重な精神的資源を使わない。勝ち方を知っている。極度の自己信頼を持っている。人にどう思われようが気にせず、その結果、発言することを恐れない。人間を研究する。ハンターのように、獲物の頭の中を覗くのが好きで、独自の優位性を勝ち取る。常に前に進む。反省はするが自分の決断に後悔したり、自分を責めたりすることはない。その瞬間を生きている。感情から行動を切り離すことができる。状況から感情を取り除くことができる……。完成された武蔵を説明したかのようである。

私の「宮本武蔵」観からすれば、サイコパスはすなわち、「刃」であり、「武器」である。ただそれは「諸刃の剣」であり、活かし方次第で、自分を傷つけてしまうかもしれないが、自身を練り上げ、自分を超えることに資するものにもなるように思うのである。

そしてこのダットン博士の調査によると、欧米においてサイコパスといえる人は、弁護士や警察官、ジャーナリストに多く、しかも第一位はCEOだという。二十五人に一人がサイコパスともいう。考えさせられる研究結果である。武蔵は、その自己にある「刃《サイコパス》」ともいえる部分とどれほど向き合い、そして「孤独」とどれほど対峙したことだろうか。その自分との戦いの中で鍛錬を積み、自らを最大限活かす「武器」とすることで、教育者としても優れた側面を得ることになった。『五輪書』はそれを証明するものでもあると思う。

武蔵は、初心者が習得しやすい技術から教え始める。上達するにつれ、より高度な原則に取り組むことになる。「水」と「火」の巻で強調する兵法理論は、よく定義され、思い込みや悪い習慣を弟子の心からパージするように工夫されている。このようにして、門下生は、戦士としての「実《まこと》の道」を歩むために自分自身の能力に頼ることができ、最終的には精神的に偏りのないレベルに到達する。武蔵はこれを「直道《じきどう》」と呼び、『五輪書』には、この正しい道を歩むための手順が示されている。

武蔵は、長年の厳しい修行で心と体を鍛えなければ成功はないと強調している。示した方向性に沿って、血と汗と涙を加えて、自分の道を見つけるのは読者に委ねられているのである。

いざ、武蔵の世界へ――例言にかえて――

この『真訳　五輪書』における訳出に際しては、グローバル時代を強く意識し、日本でよく使われるカタカナ語をあえて使用し、読みやすさを優先した意訳を試みた。構成としては、まず、見出しと真訳（訳者アレキサンダー・ベネットによる）を記し、続いて、原文を小字で示すようにした。見出しには英訳も付したので、参考にしてもらいたい。

なお、本書の底本は、大正時代に刊行された剣道指南の名著『剣道』〈一九二〇年校訂発行（朝野書店）〉の巻末附録「五輪之書」に拠った。明治期に剣聖といわれた高野佐三郎先生のこの著書に収録された原文の香気やリズムをそのまま感じてほしいと思い、同書の表記に極力忠実に従いつつ、必要に応じて校訂を行い、注記を要するものは、当該の原文の末尾に簡略な説明を付した。さらに現代の読者の便宜を考慮し、原則として常用漢字を使用、句読点やふりがなを付す等の編集作業を行った。その際に、多くの優れた学術研究者による成果物を参照した。渡辺一郎先生の『日本思想大系61　近世藝道論』『五輪書』（岩波書店）、魚住孝至先生の『定本　五輪書』（新人物往来社）、寺山旦中《たんちゅう》先生の『五輪書　宮本武蔵のわざと道』（講談社）といった秀逸な研究書から得られた学恩に深く感謝申し上げる。

最後になるが、本書タイトルに付した「真訳」とは、武道家としての「今の私」が、武蔵の真意と真剣に向き合ったものであることを意味する。本書が、武道に励む者だけでなく、歴史家や日本文化の愛好家、さらには人生という道を自らの力で切り開こうとして、精神的拠り所を求める人といった幅広い読者の方々に興味を持っていただけることを願っている。

それでは、いざ、宮本武蔵の世界へ！

二〇二一年六月

関西大学教授　アレキサンダー・ベネット

真訳

五輪書

The Book of Five Rings

地の巻
Earth Scroll

はじめに
Introduction

わが兵法の道を「二天一流」と名付け、長期にわたり、鍛錬してきたことを、初めて書き記そうと思う。

寛永二十（一六四三）年十月の上旬、九州肥後（熊本県）にある岩戸山《いわとのやま》に登り、天を崇め、観音に礼拝し、仏前に向かう私は、播磨《はりま》（兵庫県）に生まれた武士で、新免《しんめん》武蔵《むさし》守《のかみ》藤原《ふじわらの》玄信《はるのぶ》と申すが、六十年、生きてきている。

幼い頃から、兵法の道に夢中になり、十三歳で初めて真剣勝負を経験した。

そのとき、有馬喜兵衛《ありまきへえ》という新当流の剣士を倒し、十六歳のときには、但馬国《たじまのくに》（兵庫県）の秋山という強い剣士にも勝ち、二十一歳になって、京都に上り、国中の剣豪たちと出会い、何度か戦うが、勝利を収めないときはなかった。

その後、地方を転々とし、諸流派の兵法者たちとの勝負に挑み、六十回以上の決闘で、無敗をキープしたが、それは、十三歳から二十八、九歳までのことだ。

三十歳をこえ、過去の経験を振り返ると、それまでのすべての勝利は、自分が、兵法の極意を会得しているからではないことに、気付いた。

それは、生まれつきの才能があったおかげなのか、思いがけずも、自然の摂理から離れていなかったためか、もしくは、相手流派の兵法の力不足が原因だったのか……。

それ以来、「朝鍛夕錬《ちょうたんせきれん》」をモットーに、毎日、朝から晩まで、猛烈に修行を続け、自ら兵法のエッセンスを悟ったのは、五十歳の頃で、以後は、探し求めて、手に入れようとすることもなく、年月を過ごしてきた。

というのも、兵法の真理に到達した私はそれをベースとしたので、諸芸と様々な職業の道にチャレンジし尽くしても、すべてにおいて、師匠は要しなかったのだ。

この書を執筆するにあたり、仏教や儒教の古い用語は、借りたりせず、古代の軍記、軍法のストーリーからも、引用しない。
わが二天一流の識見、実《まこと》の心を著すにあたり、天道と観世音菩薩を鏡として、十月十日の午前四時半に、執筆作業を開始する。

兵法の道、二天一流と号し、数年鍛錬の事、初て書物に書き顕《あら》はさんと思ふ。時に寛永二十年十月上旬の頃、九州肥後の地岩戸山に上り、天を拝し観音を礼し、仏前に向ひ、生国播磨の武士新免武蔵藤原玄信、年つもりて六十。我、若年のむかしより、兵法の道に心をかけ、十三歳にして初て勝負をなす。その相手新当流の有馬喜兵衛といふ兵法者に打勝ち、十六歳にして但馬国秋山といふ強力《ごうりき》の兵法者に打勝ち、廿一歳にして都に上り、天下の兵法者に逢ひて数度の勝負を決すといへども、勝利を得ずといふことなし。その後国々所々に至り、諸流の兵法者に行逢ひ、六十余度まで勝負すといへども、一度もその利を失はず、その程、年十三より二十八、九までのことなり。三十を越えて跡をおもひ見るに兵法至極して勝つにはあらず。おのづから道の器用ありて、天理を離れざるが故か、又は他流の兵法不足なる所にや、その後猶《なお》も深き道理を得んと朝夕鍛錬して見れば、おのづから兵法の道にあふこと我五十歳のころなり、それより、以来は、尋ね入るべき道なくして光陰をおくる。兵法の利にまかせて諸芸諸能の道となせば、万事に於《おい》て我に師匠なし。今、この書を作るといへども、仏法儒道の古語をもからず、軍記軍法の古きことをも用ゐず。この一流の見立、実の心をあらはすこと天《てん》道《とう》と観世音とを鏡として、十月十日の夜寅《とら》の一点に筆を把《と》りて書き初《そむ》るものなり。

序 実《まこと》の道を行け Travel the True Way

もとより、兵法とは、武家の法である。

ともかく、武将たる者は、この法を修行し、兵卒も、この道を知るべきである。

しかしながら、今の世の中に、兵法の道を、きちんと見極められる武士はいないのだ。

まず、「道」を表すものには、人を救う道としての仏法があり、儒道は、学者の道をただし、医師のように、様々な病気を治す道もあるが、歌道者《かどうしゃ》のように、和歌の道を教え、茶人、弓術家、その他の諸芸能の道においては、人は思うままに稽古をして、それぞれの道を大いにエンジョイしている。

けれども、兵法の道を愛おしがる人は、珍しい。

まず、武士の嗜《たしな》むべき道とは、文武二道、すなわち、学問と兵法の両道を愛好することだ。

たとえ、この道を進むに能力が足らずとも、武士たる者は、できる限り、兵法の道を極めるよう、努めなければならない。

おおよその武士が、心がけている道とは、ただ「死ぬこと」を理想として覚悟する程度のことであろう。

だが、死を覚悟する道は、決して、武士の領域に限定されるわけではない。

僧侶、女、百姓といった者が、義理を重んじ、恥を感じ、死ぬという固い決意ができることは、武士と変わりがないのである。

兵法を修行する武士の道とは、すべてにおいて、他人に勝つことが根本であり、一対一の斬り合いに勝ち、あるいは数人との戦いにも勝つことで、主君のためにも、自身のためにも、有名になること、一人前になることであり、それは、兵法の道の根幹をなすプリンシプルを得てこそ、可能となる。

また、世の中には、兵法の道を習得しても、いざとなると役に立たない、と思う人もいるだろう。

そうであっても、いつでも有用であるように稽古し、どんなシチュエーションでも役立つように教えるのが、兵法の実の道なのである。

夫《それ》兵法と云ふ事、武家の法也《なり》。将たるものは、とりわき此法を行ひ、卒たる者も此道を知るべき事なり。今世の中に兵法の道、慥《たしか》に弁《わき》まへたるといふ武士なし。先《まず》、道を顕して有は、仏法として、人をたすくる道、又儒道として文の道を糺《ただ》し、医者といひて諸病を治する道、或《あるい》は歌道者とて、和歌の道を教へ、或は数寄者、弓法者、其外《そのほか》諸芸諸能までも思ひ〳〵に稽古し、こゝろ〳〵にすくものなり。兵法の道にはすく人稀也。先、武士は、文武二道と云ひて二ッの道を嗜む事是道也。縦《たとい》、此道ぶきようなり共、武士たるものはおのれ〳〵が分際程は兵の法をばつとむべき事也。大方武士の思ふ心をはかるに、武士は、只死ぬると云ふ道を嗜む事を覚ゆる程の儀也。死する道に於ては武士ばかりに限らず、出家にても女にても百姓以下に至るまで、義理を知り恥を思ひ死するべきを思ひきる事は其の差別なきもの也。武士の兵法をおこなふ道は、何事に於ても、人にすぐるゝところを本《もと》とし、或は一身の切合《きりあい》にかち、或は数人の戦に勝、主君の為、我身の為、名をあげ身をたてんと思ふ。是兵法の徳をもつてなり。又世の中に兵法の道をならひても、実《まこと》の時の役にはたつまじきと思ふ心あるべし。其儀に於ては何時にても役に立やうに稽古し、万事に至り役に立様に教る事、是兵法の実の道也。

1 兵法について The Way of Combat

中国でも日本でも、この道の修行を積んだ者は、兵法の達人と呼ばれてきた。武士が、この道を学ばないことなど、考えられない。

近年、「兵法者」として世に出ている者の多くは、実は、剣術のみに優れているだけのこと。

常陸国《ひたちのくに》の鹿島、下総国《しもうさのくに》の香取の両神社の神職が、神から伝達された教えをベースとし、剣術の流派を創立し、全国を回って、人々に伝えるようになったのは、近年のことである。

昔から多種多様な技芸の道があり、兵法もその一つで、「利方《りかた》」といい、実利にもつながるタイプに分類されるが、利方というからには、剣術の一通りのことだけに限るべきではない。

それでは、剣術そのものが理解できないだろうし、当然のことながら、兵法のエッセンスにも適わないからである。

世の中を見ると、諸芸を売り込み、自分のことも売り物のように思い、また、諸道具も商品にするためにつくり上げているが、これを、植物にたとえると、花より実のほうが少ないということだ。

特に、兵法においては、無駄に色を飾り、花を咲かせようとして、テクニックを得意そうに見せかけ、この道場あるいはあの道場で、自分のために、この道やあの道を教える者がいて、それらの道を習おうとする者もいる。

誰かが「生兵法は大怪我のもと」といったように、中途半端に道に携わると、大失敗に終わるというのは、その通りであろう。

ざっくりといえば、人が、世の中を渡るのに、士農工商という四つの道がある。

まず一つ目は、農の道である。

農民は、様々な道具を用意し、四季の変化に年中、注意を払い、日々を過ごすが、これが、農の道である。

二つ目に、商《あきない》の道がある。

例えば酒の醸造家は、酒づくりのための様々な道具を手に入れ、品物のクオリティの良し悪しによってプロフィットを得、生活を送る。

どんな商売でも、各々のトレードで儲け、世を渡り歩く。

これが商の道である。

三つ目は、武士の道だ。

様々な武具を念入りに用意し、それぞれのメリットや使い方をわきまえることこそ、武士の道であり、だから、武具を嗜まず、それぞれの武具のアドバンテージすら知らないことは、武士としての心がけが、少し浅いのではないか。

四つ目は、工《たくみ》の道である。

大工の道においては、様々な種類の道具を工夫してつくり、その使い方をよく覚え、墨縄と曲尺《かねじゃく》を使って、設計を示す線を正しく引き、絶えず勤勉に、仕事をし、世の中を生きてゆく。

以上が、士・農・工・商、四つの道である。

兵法は、この中で、大工の道になぞらえて考えると、分かりやすい。

なぜなら、どちらも「家」と関係しているからだ。

公家や武家、源氏・平氏・藤原氏・橘氏という四家に限らず、家というのは、崩壊したり、存続したりするものであり、家筋というのは、何々流・何々風・何々家というものなので、兵法の道を、実際に家を建てる大工の道にたとえることにした。

「大工」という用語は、「大」と「工」の二文字で書き、「大きく工《たく》む」という意味であり、兵法の道もまた、大きな巧《たく》みを目指すので、大工に言い換えて、書き表すことができよう。

兵法を学ぼうと思うのであれば、この書をよく読み、師匠は針、弟子は糸というマインドになって、すなわち導かれる者として、絶えず稽古に努めるべきだ。

一、兵法の道と云事　漢土和朝迄も、此道を行なふ者を、兵法の達者と云伝へたり。武士として此法を学ばずと云事有るべからず。近代兵法者と云て、世を渡る者、是は剣術一通りの事也。常陸国かしま、かとりの社人共、明神の伝へとして流々をたてゝ国々を廻り、人に伝ゆる事近き頃の儀也。古《いに》しへより十能七芸と有うちに、利方と云て芸にわたると云へ共、既に利方と云へば、剣術一通にかぎるべからず。剣術一へんの利迄にては剣術も知りがたし。勿論兵の法には叶べからず。世の中を見るに諸芸をうり物にしたて我身をうり物のやうに思ひ、諸道具につけてもうり物にこしらゆる心、花実の二ッにして花よりも実のすくなき所也。とりわき此兵法の道に色をかざり花をさかせて術をてらひ、或は一道場、或は二道場など云て、此道を教へ此道を習ひて利を得んと思ふ事。誰か云ふ。なまへいはう大疵《おおきず》のもと、まこと成べし。凡《およそ》人の世を渡る事、士農工商とて四ッの道也。一ッには農の道。農人は色々の農具を設け、四季転変の心得いとまなくして、春秋を送る事、是農の道也。二ッにはあきないの道。酒を作るものは、夫々《それぞれ》の道具をもとめ、其善悪の利を得て渡世をおくる。いづれもあきないの道。其身々々のかせぎ、其利を以《もっ》て世を渡る也。是商の道。三ッには士の道。武士に於ては、さま〳〵の兵具を拵らへ、兵具しなしなの徳を弁《わきま》へたらんこそ武士の道なるべければ、兵具をもたしなまず、其具々々の利をも覚ざる事、武家は、少々たしなみの浅きもの歟《か》。四ッには工の道。大工の道に於ては、種々様々の道具をたくみこしらへ、其具々を能《よく》つかひ覚え、すみかねを以て其さしづを正し、いとまもなくそのわざをして世を渡る。是士農工商四ッの道也。兵法を大工の道にたとへて云あらはす也。大工にたとゆる事、家といふ事につけての儀也。公家、武家四家其家のやぶれ、家のつゞくと云事、其流、其風、其家などゝ云へば、家と云より、大工の道にたとへたり。大工は、大きにたくむと書なれば、兵法の道大きなるたくみによつて大工に云なぞらへて書顕す也。兵の法を学ばんと思はゞ、此書を思案して、師は針、弟子は糸と成て、たえず稽古有るべき事也。

2 兵法と大工の道 The Way of Combat Strategy—A Comparison with Carpentry

武士の大将の道は、治世下の価値基準の尺度をわきまえ、国の理非曲直をただし、その家の家訓・秩序を維持することなど、大工の棟梁《とうりょう》（マスタービルダー）とまさに同じである。

大工の棟梁は、堂塔や伽藍《がらん》の寸法を記憶し、宮殿や楼閣《ろうかく》の設計図を分かったうえで、大工に指示し、建物を築き上げるというから、棟梁と大将は、本質的に同じものなのである。

大工は、家を建てるのに、「木配《きくば》り」をし、適材の配置を決め、表の柱には、見栄えのよい、節のない、まっすぐな木材を選び、裏の柱には、節があっても、まっすぐで、丈夫な木材を使い、たとえ多少弱くても、傷みのない最高級の木材は、敷居・鴨居《かもい》・戸・障子などに、それぞれ使用し、節があって、ゆがんでいても、頑丈な木材は、その家の強度を要するところを見分け、よく考えて使用するなら、その家は、崩れにくく、長持ちするはずである。節が多く、ゆがんで弱そうな木材は、足場にでも組み、後に、焚《た》き火《び》にでも使えばよい。

棟梁は、上手に大工をマネジメントするために、大工のその腕を、上・中・下でランキングし、腕のよい者は床の間、あるいは戸・障子、あるいは敷居・天井なと適切に使い分け、腕が悪い者は、床下の根太《ねだ》を張らせ、さらに技能のない者は、くさびを削らせるといったように、大工の力量を見極めて、持ち場をセッティングすることで、仕事は確実に捗《はかど》り、手際のよいものになるだろう。パフォーマンスを上げ、手際のよいものにするために、何事もやりっぱなしではないこと、物事の機能やはたらきを知ること、人のバイタリティを上・中・下のレベルで判別すること、仕事へのモチベーションを上げるために元気づけること、リミテーション、すなわち限界や弱みや制約などを知ることなど、これらすべては、棟梁の心得である。

兵法のプリンシプルも同じである。

一、兵法の道大工にたとへたる事　大将は、大工の統領として、天下のかねを弁《わきま》へ、其国のかねを糺し、其の家のかねを知る事、統領の道也。大工の統領は、堂塔伽藍のすみかねを覚え、くうでんろうかくのさしづを知り、人々をつかひ、家々を取立る事、大工の統領も武家の統領も同じ事也。家を立るに木配りをする事、真直にしてふしもなく、見つきのよきを、表の柱とし、少し節有りとも真直にして、節なき木の見さまよきをば、敷居、鴨居、戸障子と、夫々に遣ひ、節有り共、ゆかみたり共、強き木をば、其家の強み〳〵を見分て、能《よく》吟味して遣ふに於ては、其家久しくくつれがたし。又材木のうちにしても節多くゆがみて弱きをば、あししろ共なし。後には、薪共なすべき也。統領に於て大工を遣ふ事、其上中下を知り、或はとこまわり、或は戸障子、或は敷居天井以下、夫々に遣ひてあしきは根太をはらせ、猶悪きにはくさびをけつらせ、人を見分けて遣へば、其はか行く手際よきもの也。果敢《はか》の行き、手際よきと云ふ所、物事をゆるさゞる事、たいゆうなり。気の上中下を知る事、いさみを付ると云事、もたいを知るといふ事、箇様の事共、統領の心持に有事也。兵法の利かくのごとし。

3 兵法の道

The Way of Combat Strategy

兵法の道における士卒は、大工のようなものであり、大工は自分の道具を研ぎ、色々なツールをつくり、工具箱に入れ、持ち運び、棟梁の命令に従って、柱や梁を手斧《ちょうな》で削り、床板や棚を鉋《かんな》で削り、透かしもの・彫りものなどもし、寸法が正しいかどうかをチェックし、隅々までスキルフルに仕上げるが、これが、大工の道である。

大工の技法を勤勉に学び、測定術を身に付けていれば、後に、棟梁になることもできよう。

大工の重要な心得としては、よく切れる道具を持ち、暇な時間を、有効に利用し、研ぐことだ。

道具を使って、書画や本などを置く棚や机、照明器具、まな板や鍋の蓋にいたるまで、巧みにつくり上げることが、大工としての最も重要な仕事である。

士卒たる者も、同じようなものだ。

よく研究しなければならない。

大工の嗜みとしては、使用する木材が歪まないこと、接合部分の位置をピタリと合わせること、鉋で板を丁寧に削ること、失敗を、やすりで磨いてごまかさないこと、後日ねじれが生じないようにすること、などが重要である。

兵法の道を学ぼうと思っている者は、ここに書き表す一つひとつの詳細を、心に入れ、よくリサーチしてもらいたい。

一、兵法の道士卒たる者の事　士卒たる者は、大工にして手づから、其道具をとき、色々のせめ道具を拵へ、大工の箱に入て持、統領云付る所をうけ、柱虹梁《こうりよう》をも、てうのにてけづり、とこだなをもかんなにてけづり、すかし物ほり物をもして、よくかねを糺し、すみ〲迄も、手際能く仕立る所、大工の法也。大工のわざ、手にかけて能くしおぼへ、すみかねを能《よく》知りて、後は統領となる也。大工のたしなみ能き者は、道具をば常々にとぐ事肝要なり。其道具をとつてみづし書棚机卓、又はあんとんまないた鍋のふた迄も、達者にする所、大工の専也。士卒たる者、このごとく也。能々《よくよく》吟味有べし。大工のたしなみ、ひずまざる事とめあはする事、かんなにて能くけづる事、すりみがゝざる事、後にひずまざる事、肝要也。此道を学ばんと思ば、書顕す所のこと〲に心を入れて、能吟味有べきもの也。

4 この兵法の書は五巻とする This Book of Combat—The Five Scrolls

わが二天一流の兵法について、五つの道に分け、一巻ごとにし、そのプリンシプルを伝えるべく、地《ち》・水《すい》・火《か》・風《ふう》・空《くう》の五巻それぞれに以下の内容を筆記する。

「地」の巻では、わが二天一流の立場から、兵法の要点の概説を述べるが、剣術を一通りのものとして考えたら、実《まこと》の道を理解することが、難しい。大きなことから小さなことを学び、浅いところから深いところへと、理解を深めていき、さらに、兵法の直道《じきどう》の地固めをして、揺るがぬものにするという意味を込めて、初めの一巻を、「地」と名付ける。

第二は「水」の巻で、水をモデルとし、心を水のようにすることについて、取り上げる。

「水は方円の器に従う」というが、水は、小さな一滴から、大きな海にもなり得るものだ。

エメラルドグリーンのような、きらめく色合いをしており、ピュアであり、この巻物で、二天一流を、水のようなものとして、書き表す。

剣術は、一通りのプリンシプルを確実に理解し、一人の敵に対し、意のままに活用できるなら、世界のあらゆる人にも、勝てるはずだ。

人に勝つという、そのスピリットは、一人でも一千人でも一万人の敵でも適用できるのであり、武将たる者の兵法は、小規模な事柄を大規模なそれに適用することができ、これは、小さなモデルから、巨大な仏像を建てるのと同じである。

このようなことを、詳しく書き分けるのは難しいが、「一をもって万を知る」というように、一つのことから多くのことを理解するのも、兵法のプリンシプルである。

以上のようなスタンスから、二天一流の本質を、「水」の巻で説明する。

第三は「火」の巻で、戦いについて、記す。

火は、大きくも小さくもなり、熱狂的なものであるため、合戦の実情と通じるところがある。

合戦においては、一対一の決闘戦でも、一万人対一万人の集団戦でも、結局のところ、なすべきことは同じである。

どちらにおいても、全体像をつかむと同時に、詳細も考えなければならない。

大きなところは見えやすく、小さなところは見えにくい。

つまり大人数は、瞬間的に、戦術を変えることが困難なので、察知しやすい。

しかし、一人の場合は心が一つなので、すぐに変化できるゆえ、つかみにくい。

このことは、よく検討する必要がある。

火、すなわち戦いというものは、荒々しく変転するものだから、日々、トレーニングをし、戦う際には、日常と同じ平常心を保ち、心が変わらないようにすることが、兵法において、非常に重要なポイントである。

よって、「火」の巻で、戦い・勝負の模様について述べることとした。

第四は「風」の巻である。

この巻を風と名付けたのは、二天一流のことではなく、他流派の兵法や取り組みについての風潮を、語るからである。

風とは、昔風、現在風、この家々風というように、トレンドを表す言葉であり、世の中の兵法や、諸流派の風習、テクニックについて、明確に書き表すという意味で、風とするのである。

他のことをよく知らなくては、自分のことを知ることはできない。

どんな道でも、外道《げどう》というまちがった道があり、日々、この道に勤しむと、心が、道に背くこととなり、自分でよい方向に進んでいると思っても、正しい道の観点からみても、それは、実の道ではないのである。

実の道を追求しない限り、少しの心の歪みが、最終的に、大きな歪みになる。

このことは、深く理解しておく必要がある。

他流が、「剣術イコール兵法」だ思うのは、無理のないこと。

だが、わが二天一流の兵法のプリンシプルや技には、格別の意味がある。

よって、世間の兵法には、どのようなものがあるかを周知させるため、「風」の巻で、他流の特徴について述べる。

第五は「空」の巻である。

空と名付けたからには、何が奥で、何が入り口というのか。

兵法の根幹をなすプリンシプルが理解できたら、一度それにとらわれず、離れると、兵法の道を、自由自在に動けて、自然にミステリアスでファンタスティックな能力を身に付けることができ、その時々に妥当なタイミングを知り、無意識におのずから打ち、おのずから当たるようになるのだが、これはすべて、空の道である。

そのように、自然と実の道に入ることを、「空」の巻で書き付ける。

一、此兵法の書五巻に仕立る事　五ッの道を分ち、一まき一まきにして、其利を知らしめんが為に、地水火風空として五巻に書顕す也。地の巻に於ては、兵法の道の大体、我一流の見立、剣術一通にしては、まことの道を得がたし。大きなる所よりちいさき所を知り、浅きより深きに至る、直《すぐ》なる道の地形《じぎょう》を引ならすによつて、初《はじめ》を地の巻と名付也。第二、水の巻、水を本として、心も水になる也。水は方円のうつわものに随《したが》ひ、一滴と也、さう海となる。水に碧《へき》潭《たん》の色有り、清き所を用ひて、一流の事を此巻に書き顕す也。剣術一通の理、さだかに見分け、一人の敵に自由に勝時は、世界の人に皆勝所也。一人に勝と云心は、千万の敵の時にも同意也、将たる者の兵法小さきを大きになす事、尺のかねを以て大仏をたつるに同じ。箇様の義こまやかには書分がたし、一を以て万を知る事、兵法の利なり。一流の事、此水の巻に書記也。第三、火の巻、此巻に戦の事を書記也。火は風に従て大小となり、さやけき心※有に依て、合戦の事を書也。合戦の道一人と一人との戦ひも、万人と万人との戦ひも同じ道也。心を大きなる事になし、意を小さくなして、能く吟味して見るべし。大きなる所は、見えやすし、小さき所は見え難し。其仔細、大人数の事は、即座にもとをり難し。一人の事は心一つにて変る事、早きによつて小さき所知る事得難し。能《よく》吟味有べし。此火の巻の事、早き間の事なるによつて、日々に手馴れたる常の如く思ひ、心のかわらぬ所、兵法の肝要也。然るによつて戦勝負の所を火の巻に書顕す也。第四、風の巻。此巻を風の巻としるす事、我一流の事にはあらず。世の中の兵法其流々の事を書載する所也。風と云に於ては、昔の風今の風、其家家の風などゝあれば、世間の兵法、其流々のしわざを、さだかに書顕す、是風也。他の事を能く知らずしては、自のわきまへ成がたし。道々事々をおこなふに、外道と云ふ心有り、日々に其道を勤むると云ふ共、心のそむけば、其身のよき道と思ふ共、直なる所より見れば、実の道には有らず。実の道をきわめざれば、少心のゆがみに付て、後には、大きにゆがむるもの也。吟味すべし。他の兵法剣術ばかりと世に思ふ事、尤也。我兵法の利わざに於ても各別の儀也。世間の兵法を知しめん為に、風の巻として他流の事を書顕す也。第五、空の巻。此巻空と書顕す事、空と云ひ出すよりしては、何をか奥と云、何をか口といはん。道理を得ては道理をはなれ、兵法の道におのれと自由ありて、おのれと奇特《きどく》を得、時にあいてはひやうしを知り、自ら打、自らあたる、是皆空の道也。おのずと実の道に入《いる》事を、空の巻にして書きとゞむるものなり。

［注］※を付した「さやけき心」は、文意より「けやけき心」と判断し、訳出した。

5 わが二天一流は「二刀」

This School—Naming it "Nito"

わが二天一流を「二刀」と称する理由は、大将から兵卒まで、武士たる者はみな、二本の刀を、腰に差すからだ。

昔は、「太刀《たち》」と「刀」といっていたが、今では、長いほうは「刀」で、短いほうは「脇差《わきざし》」という。

武士が、大小の刀を持つことについては、細かく書く必要はないだろう。武士ルーツを知るや知らずや、わが国では、二本の大小の刀を帯に差すことは、武士の道を象徴するものだ。

二天一流と名付けたのは、二刀のベネフィットを、世に伝えるためである。槍や長刀《なぎなた》などの武器は、「外《と》のもの」、すなわちサポート武器といわれるが、武道具の一種ではある。

二天一流の道では、初心者が、太刀と脇差を両手で持って、トレーニングするのが正しい手順であるが、いざ、戦闘で命を懸けるときがきたら、持っている武器を残さずして、役に立てたいものである。

武器を役に立てず、腰に納めたまま死んでしまうのは、不本意であり、あってはならない。

そうであっても、両手に武器を持つと、左右ともに、自在にコントロールするのは、難しいものだが、その目的は、片手で太刀を使うことに、慣れさせるためである。

槍や長刀のような大きな武器は、両手で打ち振るのはやむを得ないが、大小の刀は、いずれも、片手で持つ道具である。

両手で太刀を持つのが不利なのは、馬に乗っているときや、走っているときで、沼地や泥だらけの田んぼ、石の転がる河原や険しい道、人ごみの中でも不利なので、よくないし、左手に、弓、槍、他の武器を持つ必要がある場合でも、太刀は片手で握るのであって、両手で太刀を構えるのは、実《まこと》の道ではない。

片手で敵を打ち殺すのが難しい場合は、その時点で、両手を使って、斬り殺せばよい。

そんなに手間のかかることではない。

二天一流では、まず、太刀を片手で振ることに慣れさせるため、二刀を同時にスイングして、身体で覚える。

誰でも、太刀を初めて片手でつかむとき、重くて、思い通りにコントロールできないが、太刀に限らず、どんな武器でも、初めは使いづらいもので、弓は引きにくいし、長刀も振りにくいはずだ。

どのような武器であれ、少しずつ慣れていって、力が付くようになると、弓を強く引くことができるようになり、太刀も、正しい道筋を通ることで、スイングしやすくなる。

太刀の道とは、ただ単に速く振ればよいというものではない。

これについては、次の「水」の巻で説明するので、分かるだろう。

その前に、この道の基本的なマインドとして、大きいほうの刀は広いところで振り、小さいほうの刀は狭い場所で振ること。

わが二天一流のエッセンスは、長いものでも勝ち、短いものでも勝つことだ。

だから、太刀の長さを定めていない。

いかような太刀を使っても、勝つスピリットが、わが流儀の道である。

一刀より二刀を持つほうがよいのは、一人で複数の敵の相手をするときや、屋内に立てこもった者と対戦するときなどに、特に、有利だからである。

このようなことについて、改めて、細かい説明をするまでもない。

一を知れば、万のことを理解できるはず。

兵法の道をマスターできれば、見えないものは一つもない。

よく検討してもらいたい。

一、此一流二刀と名付る事　二刀と云出す所、武士は、将卒共にぢきに二刀を腰に付る役也。我《わが》朝《ちょう》に於て、しるもしらぬも腰におぶる事、武士の道也。此二つの利をしらしめん為に二刀一流と云也。鑓《やり》長刀よりしては、外《と》の物と云て武具の内也。一流の道、初心の者に於て、太刀刀両手に持て、道を仕習ふ事実の所也、一命を捨る時は、道具を残さず、役に立たきもの也。道具を役に立てず、腰に納めて死する事、本意《ほい》に有べからず。然共《しかれども》、両手に物を持事、左右共に自由には叶ひがたし、大刀を片手に取習せん為也。鑓長刀、大道具は是非に及ばず、刀脇差に於ては、いづれも片手にて持道具也。太刀を両手にて持てあしき事、馬上にてあしゝ、かけ走る時あしし、沼、ふけ、石原さかしき道、人こみにあしく、左に弓鑓を持、其外何れの道具を持ても、みな片手にて、大刀をつかうものなれば、両手に太刀を構ゆる事、実の道に非らず。若《もし》、片手にて打ころしがたき時は、両手にても打とむべし。手間の入る事にても有べからず。先《まず》、片手にて太刀を振り習はん為に、二刀として太刀を片手にて振り覚ゆる道也。人毎に、初てとるときは、太刀重くて振り廻しがたきものなれ共、万《よろず》初めてとり付時は、弓も引がたし、長刀も、振りがたし。いづれも其道具々々になれては、弓も力つよくなり、太刀も振りつけぬれば、道の力を得て、振よくなるなり。太刀の道と云事、はやくふるに非ず。第二水の巻にて知るべし。太刀はひろき所にて振り、脇差はせまき所にて振事、先道の本意也。此一流に於て長きにても勝、短かきにても勝。故によつて太刀の寸を定めず。何にても勝事を得る心一流の道也。太刀一つ持たるよりも二つ持てよき所、大勢と一人して戦ふ時、又取籠り者などの時によき事有。箇様之義、今委《くわ》しく書顕すに及ばず。一を以て万を知るべし。兵法の道行ひ得ては、一つも見えずと云事なし。能々吟味有べき也。

［注］『五輪書』の「刀」に対する用語の表記は少々分かりにくい。中世（太刀と刀）と近世（刀と脇差）において呼び方の変化を説明しながらも、それらが混合しているのだが、本書では極力、原文に忠実に訳出した。また、以降に頻出する「鑓」は諸説あるが、「槍」として訳出した。

6 二天一流の兵法の道を知る Knowing the Principles of “Hei” and “Ho”

この道では、太刀が使える者を「兵法者」として、世間では言い伝えてきている。

色々な武芸の道があるが、弓に熟練した人は「射手」といい、鉄砲の専門家は「鉄砲撃ち」という。

槍を使いこなせる人は「槍遣《つか》い」、長刀を極めた人を「長刀遣い」という。

しかしながら、太刀の道に熟練した者は、「太刀遣い」とか「脇差遣い」などといわない。

弓、鉄砲、槍、長刀などは、すべて武家の道具であるから、いずれを使うにしても、兵法の道である。

それなのに、太刀だけが「兵法」といっているのには、理由がある。

太刀の働きによって、世の中を治め、自らの身を修めるので、太刀は、兵法の源流だからである。

太刀のそうした威徳をマスターすることで、一人でも、十人を相手に、必ず勝つことができる。

一人で十人に勝てるなら、百人で千人、千人では万人にも勝てる。

わが二天一流の兵法では、一対一の決闘でも、万対万の集団戦でも、本質的に同じで、武士の法をすべてまとめて、「兵法」というのである。

「道」というものには、学問の道の儒者、仏法者、茶道家、礼法家、能を舞う人の道などがあるが、それらは、「武士の道」ではない。

それでも、これらの道を広く知れば、それぞれに通じるものである。

いずれにせよ、人間はそれぞれの道で、自分自身をよく洗練していくことが肝要である。

一、兵法二刀の利を知事　此の道に於いて、太刀を振得たる者を兵法者と世に言伝へたり。武芸の道に至て、弓を能く射れば射手と云、鉄砲を得たる者は鉄砲打と云ふ。鑓を遣ひ得れば鑓遣と云ひ、長刀を覚えては長刀遣と云ふ。然るに於ては、大刀の道を覚えたる者を、太刀遣脇差遣といはん事也。弓鉄砲鑓長刀、皆是武家の道具なれば、いづれも、兵法の道也。然共、太刀よりして兵法と云事道理也。太刀の徳よりして、世を納め、身を納る事なれば、太刀は道法のおこる所也。太刀の徳を得ては、一人して十人に勝事也。一人にして十人に勝なれば、百人して千人に勝、千人にして万人に勝。然るによつては我一流の兵法に、一人も万人も同じ事にして、武士の法を残らず、兵法と云所也。道に於て儒者仏者数寄者しつけ者乱舞者、此等の事は武士の道にはなし。其道に有らざると云ふ共、道を広く知れば物事に出あふ事なり。何れも人間に於て、我道々々を能《よく》みがく事肝要也。

7　武具それぞれのアドバンテージを知る

Knowing the Advantages of Weapons in Combat

様々な武具の長所を判別し、しかるべきタイミングで、活用しなければならない。

脇差は、狭い場所や敵の近くにいるところで使用するのが最適で、太刀は一般的に、どのような状況でも、メリットが多くある。

戦場では、長刀は、槍にやや劣ることがあるが、これは、槍が先手で、長刀は後手であるからだ。

同じ力量を持つ者同士なら、槍を持ったほうが少し強いが、槍・長刀のアドバンテージは、ケースバイケースであり、狭いところでは少なく、立てこもった敵を、押しとめることにも不利で、もっぱら戦場で使用するのがベストであり、合戦においては、大切な武器である。

しかしながら、室内で稽古をし、細かな技術にこだわるあまり、野戦の槍の実《まこと》の道を忘れては、役に立たないだろう。

弓は、戦場での駆け引きにも有用で、槍やその他の武隊が、脇でコーディネートして動けば、先に早く射ることができるから、平野の戦いでは、大いに適している。

しかし、城を攻撃するときや、敵が30~40メートル以上も離れている場合、不十分だ。

今の時代では、弓は、いうまでもなく、どの武芸も花が多く、形式的で、実が少なく、実用的ではない。

そのような武芸は、「ここだ！」というときには、使いものにならず、メリットが少ない。

城郭の中からの攻撃では、鉄砲より優れている武器はない。

野戦などでも、合戦が始まらないうちは、多くのアドバンテージがあるが、戦いが本格化し、敵中に飛び込むと、その効果を失ってしまう。

弓のメリットの一つは、放った矢が、目で見えることだ。

一方、当たったかどうか、鉄砲から発射された弾丸が目で見えないのは、欠点であり、このポイントを、よく注意すべきだ。

馬については、センシティブに反応し、癖のないことが、重要だ。

武具の、原則としては、馬はそれなりに歩き、刀・脇差もそれなりに斬ることのできるもので、槍・長刀は、そこそこ突き刺すことができ、弓・鉄砲は、ソリッドで、簡単に壊れないものがよい。

道具に関しては、好みに偏らないよう、選ぶこと。
何でも、何かが「過ぎる」のは、「足らない」のと同じになり、欠点となる。
人の真似をしないで、自信を持って、自分と相性のよい武具を選ぶこと。
武士の大将と兵卒は、ともに、武器に関しては、好き嫌いがあるのはよくない。
工夫が大事である。

一、兵法は武具の利を知ると云事　武道具の利をわきまゆるに、何れの道具にても、おりにふれ、時にしたがひ、出合もの也。脇差は、座のせまき所、敵の身ぎわへよりて、其利多し、太刀は、何れの所にても、大形《おおかた》出合ふ利有り。長刀は、戦場にては鑓におとる心有、鑓は先手なり、長刀は、後手也。同じ位のまなびにしては、鑓は少し強く、鑓長刀も場所により詰りたる所にては、其利少し、取籠り者などにも然るべからず、只戦場の道具なるべし、合戦の場にしては、肝要の道具なり。され共、座敷にての利をおぼへ、こまやかに思ひ、実の道を忘るゝに於ては、出合がたかるべし。弓は合戦の場にて掛引にも出合、鑓わき、其外、物きわ〲にて早く取合するものなれば、野相《のあい》の合戦などに、とりわきよき物也。城攻など、又敵相《てきあい》二十間《けん》をこへては不足なるもの也。当世に於ては、弓は申《もう》に及ばず、諸芸花多して実少なし。左様の芸能は肝要の時、役に立がたし、其利多し。※城廓の内にしては鉄砲にしく事なし。野相などにても、合戦のはじまらぬうちは、其利多し、戦はじまりては不足なるべし。弓の一の徳は、放つ矢人の目に見えてよし。鉄砲の玉は、目に見えざる所、不足なり、此儀、能々吟味有べき也。馬の事つよくこたへて、くせなき事肝要也。総《そう》て武道具につけ、馬も大形にありき、刀脇差も大形にきれ、鑓長刀も大形にとほり、弓鉄砲もつよくそこねざる様に有べし。道具以下にも、かたわけてすく事、有べからず。あまりたる事はたらぬと同じ事也。人まねをせずとも我身に随ひ、武道具は、手にあふ様に有べし。将卒共に物にすき、物を嫌ふ事悪《あし》し。工夫肝要也。

［注］※を付した「其利多し」は、文意から「其利少し」の誤記と判断し、訳出した。

8 兵法における「拍子」というもの Cadence in Strategy

すべてのものには、それぞれの「拍子」があり、拍子とはすなわちリズム、テンポ、律動やメロディー（旋律）、モメンタムといったものになるが、兵法の拍子の場合は、鍛錬なくして、会得はできない。

世の中で、拍子というものが、はっきりと表れているのは、能楽や管弦などで、それらすべては、調和のとれたメロディーを要する。

武芸の道では、弓を射、鉄砲を打ち、馬に乗ることまで、独特なタイミングとリズムがあり、諸芸術や諸技能においても、拍子に背くことなど、あってはならない。

また、形の見えないものにも、拍子は存在し、それは、時機といえるものだが、例えば、武士の場合は、奉公して出世する好機、低落する危機や、ジャストタイミングといえる時機があれば、その逆もある。

また、商売の道でも、お金が溜まるとき、金持ちでも滅びるときなど、それぞれの道には、異なる時機がある。

物事が栄える拍子と、衰える拍子とを、よく考慮し、判断することが、重要である。

そして、兵法の拍子には、様々なものがある。

まずは自分に合う拍子を知って、次にそうではない拍子を知って、わきまえ、さらに、大小・遅速の拍子の中にも、適当な拍子を知り、相手と間《ま》を取り、相手の間に入らないで、狂わせ、従わないタイミングの取り方を体得することが、兵法において、非常に重要なことである。

特に、従わずに背く拍子を、しっかりと心得ないと、兵法は、確たるものにはならない。

戦いにおいては、敵の拍子を判別し、敵の思いもよらない拍子で、それまでの鍛錬から得た智恵によって発し得る、目に見えない、無心の拍子によって、勝つ。すべての巻の中に、拍子の問題について、多くの記述がある。書き付けたところを、しっかり考えて、よく鍛錬してもらいたい。

一、兵法の拍子の事　物毎に付、拍子は有る物なれ共、とりわけ兵法の拍子、鍛錬なくては及がたき所也。世の中の拍子あらはれて有事、乱舞の道れい人管絃の拍子など、是皆能《よく》あふ所のろくなる拍子也。武芸の道にわたつて弓を射、鉄砲を放、馬に乗る事迄も、拍子調子は、諸芸諸能に至ても、拍子をそむく事は有るべからず。又空なる事に於ても、拍子は有り、武士の身の上にして奉公に身をしあぐる拍子、しさぐる拍子、筈《はず》のあふ筈のちがう拍子有。或は、商の道分限《ぶげん》になる拍子、分限にても、其のたゆる拍子、道々に付けて拍子の相違有事也。物毎のさかゆる拍子、おとろふる拍子、能々分別すべし。兵法の拍子に於て様々有事也。先あふ拍子を知つて、ちがう拍子を弁《わきま》へ、大小遅速の拍子の中にも、あたる拍子を知り、間の拍子を知り、背く拍子を知る事、兵法の専也。此背く拍子弁へ得ずしては、兵法たしかならざる事也。兵法の戦に其敵〳〵の拍子を知り、敵の思ひよらざる拍子を以て、空の拍子を智恵の拍子より発して、勝所也。何れの巻にも、拍子の事を専書記也。其書付の吟味をして、能々鍛錬すべきもの也。

結

Summary

これまで述べてきた二天一流という兵法の道を、朝に晩に修行することで、自然と心を広くすることになって、集団戦、個人戦の兵法として、世に伝えたいという意志を持ったのだが、初めて書き表すうえで、地・水・火・風・空の五巻とした。

なお、わが兵法を学ぼうとしている人にとっての、修行のルールは、次の通りである。

①不当ではないことを考えること
②兵法の道を鍛錬すること
③様々な芸に携わること
④色々な職業の道を知ること
⑤物事のプラスとマイナスを知ること
⑥識見を養うこと
⑦目に見えないものを察知すること

⑧些細なことにも注意を払うこと
⑨役に立たないことをしないこと

およそ、以上のようなルールを心がけ、兵法の道を鍛錬すべきである。

この道に限っては、広い視野を持って、ベーシックなことを考えることができなければ、兵法のマエストロにはなりにくい。

だが、この道をしっかり学べば、一人で、二十人や三十人の敵でも、負けることはない。

まず気合を入れ、ただひたすらこの道の修行に努めたなら、優れたスキルで勝ち、物を見る眼力でも勝ち、さらに、鍛錬を積み重ねたなら、全身が、自由自在になるから、身体でも人に勝ち、また、この道によく馴染んできたなら、ハートでも人に勝つことになのだから、そこまで到達できて、どうやって、人に負けるというのか。

なお、大将としてのリーダーの兵法は、卓越した人材を持つという点で勝つ。

大勢を使うことにも勝つ。

正しい行動・振る舞いにおいて勝つ。

国を上手く治めることにも勝つ。

民を養ううえでも勝つ。

そして、世のしきたりをよく行うという面でも勝つ。

どの道においても人に負けないことを知って、身を立てて、名を上げることこそが、まさに兵法の道である。


右一流の兵法の道、朝な〳〵夕な〳〵勤め行ふによつて、自ら広き心になつて、多分一分の兵法として世に伝ふる所、初て書顕す事、地水火風空、是五巻也。我兵法を学ばんと思ふ人は、道を行ふ法あり。第一によこしまなき事を思ふ所。第二に道の鍛錬する所。第三に諸芸にさわる所。第四、諸職の道を知事。第五に物毎の損徳を弁《わきま》ゆる事。第六に諸事目利《めきき》を仕《し》覚《おぼゆ》る事。第七に目に見えぬ所をさとつて知る事。第八にわづかな事にも気を付る事。第九に役に立ぬ事をせざる事。大形、かくのごとくの理を心に懸《かけ》て、兵法の道鍛錬すべき也。此道に限て、直《すぐ》なる所を広く見立ざれば、兵法の達者とは成がたし。此法を学び得ては、一身にして二十、三十の敵にも負べき道にあらず。先《まず》、気に兵法をたへさず、直なる道を勤ては手にて打勝、目に見る事も人に勝ち、又鍛錬を以て総体自由なれば、身にても人に勝ち、又道になれたる心なれば、心を以ても人に勝ち、此所に至ては、いかにして人にまくる道有んや。又大きなる兵法にしては、善人をもつ事に勝。人数を遣ふ事に勝。身を正しく行ふ道に勝。国を治る事に勝。民をやしなふ事に勝。世の例法をおこなふに勝。何れの道に於ても、人に負ざる所を知りて身をたすけ、名をたすくる所、是兵法の道也。

正保二年五月十二日　　新免武蔵

寺尾孫之丞殿

寛文七年二月五日　　寺尾夢世勝延（花押）

山本源介殿

解説　武士の道とは何としても勝利を求めるもの

第一巻は、「地」と名付け、過酷で命懸けの「兵法の道」を歩むために必要な気質の基礎を記したものである。武蔵は、身分の高低を問わず、武士たる者は無条件に兵法を理解しなければならないし、それが道であり、レゾンデートル（存在理由）であると説く。だが、面白いことに、武蔵は武士とそれ以外の者を、ほとんど区別していない。それぞれの職業に、堂々たる「道」があり、異なるところといえば、武士の道の場合は何としても勝利を求めるものであるという。

そして武蔵は、兵法の道を信奉するための九つのルールを「地」の巻の最後に定めた。「地」の巻は兵法の道の概論である。兵法の道とは、すなわち鍛錬の連続である。その鍛錬のルールを提示する各条の「価値」について、解説を試みる。この理解があれば、以降の巻の理解も深まることだろう。

①不当ではないことを考えること　これはつまり、「余計なことを考えない」ということ。古代中国の老子は「学を修める者は日々、知識や欲望が増えていくが、道を修める者は日々、それらを減らしていく」という。要らないものを捨ててゆく。勝ちたいという気持ちを捨てる。自分が正しいという気持ちを捨てる。優越感に浸りたいという気持ちを捨てる。欲を捨てる。自分の名利を捨てる。そうすれば、邪心を持たずに、ストレートで、正直に、道に進むことができるという「捨て身」の姿勢である。

②兵法の道を鍛錬すること　精神科医のスティーブ・ピーターズが提唱する「チンパンジー・パラドックス」という理論がある。それは、軍事エリートの特殊部隊が、極限状態

の中で感情をコントロールし、論理的かつ合理的な判断を下す方法を学ぶためのトレーニングに用いられている。ピーターズ博士は、脳を「チンパンジー」「人間」「コンピュータ」の三つの部分に分ける。「チンパンジー」は、適切に管理されていないと、誤った選択をしてしまう脳の部分である。私たちの脳の「チンパンジー」は、論理よりも感情にもとづいて決断を下す。すべての意思決定プロセスはまず「チンパンジー」を経由し、どんな状況でも最初に発言する。分かりやすくいえば、生存本能である。

次の「人間」は、論理、分析、合理化にもとづいて意思決定を行う場所である。冷静さを保ち、異なる視点を受け入れる。

「コンピュータ」は、脳の中でも最も強い部分の一つで、フィジカル・メンタル・インテレクチュアルな情報を保存するハードドライブである。「チンパンジー」でも「人間」でも、ここに情報をインプットすることができる。つまり、兵法の鍛錬も、重ねれば重ねるほど、保存される量が多くなり、生存率も高くなる。

何かの困難状況に直面したとき、「チンパンジー」はまず感情によって判断し、その状況に対応するための提案をするそうだ。「人間」は「チンパンジー」にイエスかノーかを答える。もし、ノーと答えた場合、動揺している「チンパンジー」を慰めることが必要になってくる。その鍛錬の中で、「チンパンジー」は徐々に、インナーセルフ、すなわち本当の自分を信頼するようになる。そうした過程を経て、心・技・体が一体となるという。武蔵の兵法の道を理解するうえで、大いに参考になる研究ではないだろうか。

③様々な芸に携わること

英語で「Jack of all trades, master of none」という言葉がある。日本語では「多芸は無芸」と訳される。私は今も、なぎなた、居合道、銃剣道、短剣道、そして様々な古武道を学んでいる。武蔵は多芸多才を旨としていた。画家のゴッホは「一つのことを極め、一つのことをよく理解していれば、同時に多くのことを洞察し、理解することができる」と述べたそうだ。武蔵も同様に、一芸に秀でていれば、他の芸の師匠は必要ないといっている。

最近、日本でも「クロストレーニング」という概念が流行っている。複数のスポーツを行うことで、多様な筋肉を鍛えることができ、総合的なパフォーマンスの向上につながる。「文武両道」も、クロストレーニングの一種である。武士の世界では、文武両道は単に体力と知力の向上を意味するものではなかった。文武両道を身に付けた武士は、「もののあわれ」を嗜み、人の気持ちを理解し、共感できるはずで、武蔵も剣術だけではなく、色々な道を知ることを必要条件としていた。それは今でいう人間形成につながるものだろう。

④色々な職業の道を知ること　「芸＝戦術」と考えれば、「職業＝戦略」ということになる。武蔵は様々な職業に精通していたが、特に大工を好んでいたようだ。明石の城下町の設計に貢献した都市計画家でもあった。今でいうところのジェネラリストといえよう。

また武蔵は、ある職業の中心となる原理が、他の職業にも当てはまることを見抜いていた。つまり、職業は兵法家でも、大工の仕事を知っていると、既成概念にとらわれないパラダイムシフトが自分の中で、できるのである。他の職業を知ることは、柔軟性が養われ、パフォーマンスの向上にもつながることだろう。

⑤物事のプラスとマイナスを知ること　この武蔵の法則は、一九七〇年代にスタンフォード大学で開発された戦略立案によく使われているSWOT分析を思い起こさせる。SWOTとは、Strengths（強み）、Weaknesses（弱み）、Opportunities（機会）、Threats（脅威）の頭文字を取ったもので、組織、プロジェクト、ビジネス、ベンチャーの4つの要素を評価する構造化された計画手法である。SWOT分析は、組織の強みを活かし、弱みを改善し、脅威を最小限に抑え、機会を最大限に活用するためのシンプルかつ強力なフレームワークである。

今日の組織、企業、個人にとって、SWOTは、コア・コンピタンスの見極め、弱点の識別、機会の探求、潜在的な脅威の認識に用いられる。また、補足計画や代替計画、危機管理計画などを立てる際にも活用されている。

⑥識見を養うこと

武蔵のいう「目利《めきき》」を識見と訳出した。識見とは、鋭い洞察力や判断力のことで、物事を見かけではなく、ありのままに、本当の姿と意味を見極めることである。武蔵は読み手に、聞いたことや見たことをそのまま鵜呑みにするのではなく、常に懐疑の心を持つように勧めている。幻想に惑わされることなく、真の姿を見極める力である。ソーシャルメディアの時代だからこそ重要と感じる。

武蔵は、物理的な意味での「見る力」に言及しているが、批判的思考の重要性のニュアンスも入っている。目利という言葉は、視覚を意味するが、それだけではない。「芸術家は、他の人が垣間見るだけのものを見る」といったのは、レオナルド・ダ・ヴィンチである。彼は、ほとんどすべてのことを観察と実践から学んだ。彼は実験で学ぶことを推奨していた。彼が研究したすべての現象は、執拗なまでの綿密な観察に始まり、仮説、実験を経て、最終的には実践的な知識となった。

武士は徹底した観察者でなければならない。敵を徹底的に観察し、自分自身をも観察する。実際には生死に関わる問題だからである。観察する能力があるかないかは、武士の強さを構成する決定的な属性である。敵を観察する武士は、自分も常に敵から観察されていることを意識しなければならない。このように、観察力や識見が重要な意味を持つ世界で、武士は日々、些細なことにも目を光らせ、注意を払っていたのである。些細なことでも気にかけることは、武士の強さのバロメーターであり、戦いに勝つための力を示していたのではないだろうか。なお、識見はやがて、平時において、ものの美しさを鑑賞する力に変わる。

⑦目に見えないものを察知すること 肉眼では明らかに見えないものを知覚できるスキルがあること、そして目が簡単に騙されることを武蔵は知っていたようだ。例えば、天才とされた企業家のスティーブ・ジョブズは、直観のことを、知性よりも強力だといったという。誰もが経験したことのある「直観」とは、理由も方法も知らされないまま、無意識のうちに、何かを推し進める理性である。しかし、直観の本質は、長い間、私たちに理解されておらず、哲学や心理学の分野で何世紀にもわたって研究や調査が行われてきた。思考や論理、分析とは異なり、知らずに知っていること、見ずに見えることだからである。

⑧些細なことにも注意を払うこと 前掲⑥で述べた通りである。些細なことでも気にす

ることは、戦いに勝つための力の表れでもあった。成功は、準備された者に味方する。「蟻の一穴」という言葉が日本にはあるが、私の祖国ニュージーランドでも童謡があった。釘一本が足りないために蹄鉄《ていてつ》を失い、馬一頭を失い、騎乗者を失った。騎乗者が伝えるメッセージを失ったために戦争での勝利を失い、そのために王国を失ったことを謳うものだったと記憶している。時代を超え、地域を超えて、凡事徹底は大切にされるべきことのようだ。

⑨役に立たないことをしないこと　時間管理が上手な人は、自己管理能力も高い。先延ばしにすることをやめ、目標達成に向けて邁進する。このような自己管理能力は、仕事や人間関係、生活など、人生の他の分野でも必要とされる。つまり、時間管理が上手になればなるほど、人生のあらゆる分野で目標を達成することができるようになるといえるのだ。

人を動かす偉大なリーダーになるには、常に自制心を持っていなければならない。自制心をどこで発揮するかにかかわらず、人生の成果を促進するのに役立つ。パラドックスであるが、自制心は自由の一種である。それは、怠惰や無気力からの自由、他人からの期待や要求からの自由、弱さや恐れ、そして疑いからの解放である。自己鍛錬によって、武士は自分の個性、内なる強さ、才能を感じるようになる。自分の思考や感情の奴隷ではなく支配者となることの大切さを武蔵のこの最後のルールが示している。

水の巻

Water Scroll

序　二天一流は「水」を手本とする

Water is the Essence of my "Two Heavens as One" School

二天一流は、「水」をモデルとし、そのセオリーにかなった修行をするものであり、よって、「水《すい》」の巻とし、二天一流の刀法について、ここで記述する。

この修行の道について、いずれも思うままに、細かく書き分けるのは、難しい。たとえ、言葉での説明が行き届かないものがあっても、そのプリンシプルは、自然と理解することができるだろう。

ここに書き付けたことは、一語一句、すべてを熟考してもらいたい。アバウトに考えては、道を外れることが、多々あるだろう。

兵法のプリンシプルを、一対一のバトルのこととして書いたところがあるが、一万人と一万人との合戦としても理解し、イメージを増幅することが大事である。この兵法の道に限っては、少しでもメソッドを間違え、道に迷うと、悪しき道に落っこちてしまう。

しかも、この書を読むだけでは、兵法の道のマスターには、到達できない。ここに書き付けた内容を、ただ「見る」とか、「習う」とか、「物まねしよう」と思うのではなく、自身の心の中から掘り当てたプリンシプルとなるよう、いつもそのつもりで、本気で、工夫を凝らし続けなければならない。

兵法二天一流の心、水を本として利方の法を行ふによつて、水の巻として一流の太刀筋、此の書に書顕すもの也。此道いづれもこまやかに、心の儘《まま》には書分かたし。縦《たとい》、ことばつゞかざると云ふ共、利は自ら聞ゆべし。此書に書付たる所、一こと〳〵一字々々にて思案すべし。大形に思ひては、道のちがふ事多かるべし。兵法の利に於て、一人々々との勝負の様に書付たる所なり共、万人と万人との合戦の利に心得、大きに見立所、肝要也。此道に限つて少なり共道を見違へ、道の迷ひ有りては悪道へ落るもの也。此書付計《ばかり》を見て、兵法の道には及事に非ず。此書に書付たるを此身にとつて書付を見ると思はず、ならうと思はず、にせものにせずして、則《すなわち》我心より見出したる利にして、常に其身になつて、能く工夫すべし。

1 兵法の道におけるマインド The Mindset of Combat

この兵法の道におけるマインドは、平時のマインドと変わるものであってはならない。

普段も、戦いのときも、少しも変化することなく、心をオープンでストレートにして、緊張せず、リラックスし過ぎないようにし、心に偏り（バイアス）が出ないよう、真ん中に据え、心を静かに揺るがせて、その揺らいだ状態を、刹那、すなわち、今この一瞬にも失わせないよう、十分に工夫せよ。

身体がのんびりしているときも、マインドとしては、気を抜かず、激しく動いているときも、少しも焦ることがない。

心は身体にコントロールされず、逆に、身体も心にコントロールされない。

心に気を配るが、身体に気を取られない。

心に対するケアが、欠けることはなく、少しでも不要なことは、考えないようにする。

外見が弱々しく見えても、ハートは強く、敵に読まれないようにして、身体の小さき者などは、身体の大きな者のやり方を知り、大きな者は密かに小さき者のやり方に気付くようにし、思い込みで、身体を動かさないよう、心を素直にすることが大事である。

インナーマインドを濁らせず、オープンにして、広い視野に立って、智恵を活用すること。

ノウハウも、心も、ひたすらに磨くことが大事なのである。

智恵を研ぎ、世の中の正や不正を知覚し、物事の善悪を知り、種々の芸能の道をよく知り、他人に少しもだまされないようになって、ようやく兵法の智恵は完成されるのである。

ただ、兵法の智恵においては、とりわけ違う状況で判断を要することも出てくる。

戦場では、何事もドタバタと混乱した状態になるのだが、兵法の根幹をなすプリンシプルを確かめ、不動心《ふどうしん》、すなわちいつ何時にも動揺しない冷静なマインドをキープできるよう、よく修練してもらいたい。

一、兵法心持の事　兵法の道に於て、心の持様は常の心に替る事なかれ。常にも兵法の時にも心の替らずして、心を広く直《すぐ》にして、きつくひつはらず、少《すこし》もたるまず、心のかたよらぬ様に心をまん中におきて、心を静にゆるがせて、其ゆるぎせつなもゆるきやまぬ様に、能々吟味すべし。静なる時も心は静ならず、何とはやき時も心は少もはやからず。心は体につれず、体は心につれず。心に用心して、身は用心せず。心のたらぬ事なくして、心を少しもあまらず。うへの心はよわく共、そこの心をつよく、心を人に見分られざる様にして、小身なるものは心に大きなる事を残らず知り、大身なるものは心に小さき事を能《よく》知りて、大身も小身も心を直にして、我身のひいきをせざる様に、心を持事肝要也。心の内にごらず広くして広き所へ智恵を置べき也。智恵も心もひたとみがく事専也。智恵をとぎ天下の利非を弁《わきま》へ、物毎の善悪を知る万の芸能、其道にわたり、世間の人に少しもだまされざる様にして、後兵法の智恵となる心也。兵法の智恵に於て、とりわきちがふ事有もの也。戦の場万事せはしき時なり共、兵法の道理をきはめ、うごきなき心、能々吟味すべし。

2　兵法における姿勢　Posture in Strategy

戦うときの姿勢に関しては、顔はうつむかず、仰向きにならず、傾かず、ゆがまず、目を乱さず、額にしわをよせない。

眉間にしわをよせて、目玉を動かさないようにして、まばたきをしないように心がけ、目はいつもより少し細めて、周囲を広く観察する。

さらに、鼻筋をまっすぐにして、少しあごを出すような気持ちで、首は、うしろの筋を伸ばし、うなじに力を入れて、その力を肩から全身まで、一体に感じ得るようにし、両肩を下げ、背筋をまっすぐにし、尻を出さない。

膝より足先まで力を入れて、腰が屈《かが》まないように腹を張り、「楔《くさび》を締める」という教えの通り、脇差の鞘《さや》に腹をフィットさせて、帯の締め具合が、緩くならないようにする。

原則として、平常の姿勢を兵法の姿勢とし、兵法の姿勢は平常の姿勢とすることが肝要であり、これをよく勉強してもらいたい。

一、兵法の身なりの事　身のなり、顔はうつむかず、あをのかずかたむかず、ひずまず、目をみださず、ひたいにしはをよせず。まゆあいにしわをよせて、目の玉のうごかざる様にして、またゝきせぬ様に思ひて、目を少しすくめる様にして、うらやかに見る。かほを鼻すぢ直《すぐ》にして、少しおとがひを出す心、首はうしろのすじを直に、うなじに力を入れて、肩より総身はひとしく覚へ、両の肩をさげ、背すぢをろくに、尻を出さず。ひざより足先まで、力を入れて腰のかゞまざる様に、腹をはりくさびをしむると云ひて、脇差のさやに腹をもたせて、帯のくつろがざる様に、くさびをしむると云教有り。総《そうじ》て兵法の身に於て、常の身を兵法の身とし、兵法の身を常の身とする事、肝要なり、能々吟味すべし。

3 兵法における「目付《めつけ》」 Gaze in Strategy

「目付」、すなわち目の付け方についていえば、視野を大きく広くする。

観《かん》・見《けん》という二つの目付があり、「観」という全体を把握する眼を強くし、「見」というディテールを把握する眼は弱くし、遠いところを近くに見、近いところを遠くに見ることが、兵法では最も大切なことである。

敵の太刀の動きを知るには、「観」の眼で測り、その動きに「見」とれて、惑わされてしまうことが、少しもないようにすることが、兵法で大切なことである。よく工夫すべきである。

目付は、一対一の勝負でも、大勢による合戦のときにも、共通することである。目玉を動かさないで、両サイドを見ることも、不可欠である。

このことは、慌ただしい戦いの中で、すぐ習得できることではない。この文意に精通して、常にこの目付で、いつ何時も変わることのないよう、普段からよく探求しておいてもらいたい。

一、兵法の目付と云事 目の付様は大きに広く付くる也。観、見、二つの事、観の目つよく、見の目よわく、遠き所を近く見、近き所を遠く見る事、兵法の専也。敵の太刀を知り、聊《いささか》敵の太刀を見ずと云事、兵法の大事也。工夫有べし。此目付、ちいさき兵法にも、大きなる兵法にも、同じ事なり。目の玉動かずして、両脇を見る事肝要也。箇様の事、いそがしき時、俄《にわか》には弁《わきま》へがたし。此書付を覚え、常住此目付になりて、何事にも目付の替らざる所、能々吟味有べきもの也。

4 太刀の持ち方について Gripping the Sword

太刀を持つときは、親指と人差し指で緩く浮かせるようにして、中指でほどほどにつかみ、薬指と小指で、しっかりと絞るように握る。手のうちに、「緩み」があるのはよくない。

太刀を適当にグリップするのではなく、常に、敵を斬るつもりで、持つべきである。

実際に、敵を斬るときも、手の握力を変えず、手が固まらないよう、持たなければならない。

もしも敵の太刀を叩いたり、受けたり、おさえたりすることがあっても、親指と人差し指だけを、少し調整するくらいの気持ちで、何はともあれ斬り捨てるぞ、という意志を持って、太刀を持たなければならない。

試し斬りのときも、実戦で敵を斬るときも、「人を斬る」ための太刀の持ち方に、変わりはない。

原則として、太刀も、手も、固着してしまうことを、嫌う。

固着する手は、イコール「死に手」である。

固着しないのは、「生きる手」である。

このことをよく検討してもらいたい。

一、太刀の持様の事　太刀の取様は、大指人さし指を浮べる心に持、たけ高指しめずゆるまず、くすし指小指をしむる心にして持也。手の内にはくつろぎの有る事悪《あし》し。敵をきるものなりと思ひて太刀を取るべし。敵をきる時も、手の内に替りなく、手のすくまざる様に持べし。もし敵の太刀をはる事、うくる事、あたる事、おさゆる事有り共、大指人さし指計《ばかり》を、少替る心にして、兎《と》に角《かく》にもきると思ひて、太刀を取るべし。ためしものなどきる時の手の内も、兵法にしてきる時の手の内も、人をきると云手の内に替るなし。総て太刀にても、手にても、いつくと云事を嫌ふ。いつくは、しぬる手也。いつかざるは、生《いき》る手也。能々心得べきもの也。

5 フットワークについて Footwork

フットワークについていえば、つま先を少し浮かし、踵《かかと》から強く踏むこと。必要に応じて、大小・遅速にステップを踏むことはあるが、普段の歩き方と同じなのが、好ましい。

フットワークの好ましくないタイプに、「飛足《とびあし》」と「浮き足《うきあし》」、そしてフィックスする「踏《ふ》み据《す》え足《あし》」の三つがある。

兵法の道のキーポイントとして、「陰陽《いんよう》の足」が大切とされる。

それは、片足だけ固定させることをしないものだ。敵を斬るときも、引くときも、受けるときも、つねづね陰と陽、右・左、右・左と次々と踏むのである。くれぐれも、片足だけを踏むことがないよう、よくよく研究してほしい。

一、足つかひの事　足の運び様の事、つま先を少《すこし》うけて、きびすを強く踏《ふむ》べし。足遣ひは時によりて、大小遅速は有り共、常にあゆむが如し。足に飛足、浮足、ふみすゆる足とて、是三つ嫌ふ足也。此道の大事にいはく、陰陽の足と云、是肝心也。陰陽の足とは、片足斗《ばかり》動かさぬもの也。きる時、ひく時、うくる時迄も、陰陽とて右左々々踏む足也。返す〳〵片足踏事有べからず。能々吟味すべきもの也。

6　五方《ごほう》の構え　The Five-Way Stances

五方の構えについて述べると、これは、上段・中段・下段・右脇の構え・左脇の構えという、五通りのスタンスのことである。五つの構えに分けているが、すべてにおいて、敵を斬るためのものである。

五つの構え以外にはない。
いずれも、「構える」と思わず、ただ「人を斬る」ことだけを思えばよい。
構えの大小は、ケースバイケースで、有利なほうをとる。
上・中・下の構えは基本であり、右脇・左脇の構えは、応用のスタンスであり、
右脇・左脇の構えは、上が詰まって、脇の一方が詰まっているところなどで取る
構えである。
右・左のどちらがよいかは、場所に応じて、決めればよい。
兵法の道の教えとしては、「構えの極みは中段であると知れ」だ。
中段は、すべての構えのベースとなる。
大きい合戦での兵法で、考えてみるとよい。
中段の構えは、大将のランクになるのである。
大将たるその構えに続いて、残りの四つの構えがある。
この考え方を重々理解してもらいたい。

一、五方の構《かまえ》の事

五方の構は、上段、中段、下段、右のわきに構ゆる事、左のわきに構ゆる

事、是五法也。構五つに分つと云へ共、皆人をきらん為也。構五つより外はなし。何れの構なり共、かまゆると思はずきる事也と思ふべし。構の大小は、ことにより利にしたがふべし。上中下は、体の構也、両脇は、ゆふの構也、右左の構は、うへのつまりて、わき一方つまりたる所などにての構也。右左は、所によりて分別有。此道の大事に曰く、構のきわまりは中段と心得べし。中段は、構の本意也。兵法大きにして見よ。中段は、大将の坐也。大将については、あと四段の構也。能々吟味すべし。

7 太刀の通る道筋

Sword Pathways

太刀の通る道筋（ライン）を知るということはどういうことかというと、いつも腰に差している刀を、指二本だけで振り回すにしても、太刀の通るコースさえよく知っていれば、こなれた動きでスイングできるのである。

太刀をぱっぱと素早く振ろうとするから、太刀のラインが乱れて、コントロールができなくて、振りにくくなる。

太刀は、無理せずに、ほどほどに振る気持ちが大切である。

あるいは、扇や小刀を使うように、素早く振ろうと思うから、太刀のラインが狂ってしまい、振りにくくなる。

それは「小刀刻み《こがたなきざ》」といって、そんな間違った太刀さばきでは、人は斬れない。太刀を打ち下ろしたら、上げやすいラインに切り返し、横に振るったときは、そのまま横に戻し、どうあっても、肘を大きく伸ばし、しっかりと振ることが、太刀の道である。

二天一流における、敵と相対する五つの形《かた》に熟達すれば、太刀の道筋が定まって、振りやすくなる。

しっかりと鍛錬しておくことだ。

一、太刀の道と云事　太刀の道を知ると云事は、常に我さす刀をゆび二つにて振る時も、道すじ能《よく》知りては、自由に振もの也。太刀をはやく振らんとするによつて、太刀の道ちがひ振がたし。太刀は振りよき程に静に振る也。或は扇、或は小刀など遣ふ様に、はやく振らんと思ふによつて、太刀の道ちがひて振がたし。夫は小刀きざみといひて、人のきれざるもの也。太刀を打さげては、あげよき道にあげ、横に振りては、横にもどりよき道へもどし、いかにも大きにひぢをのべて強く振る事、是太刀の道也。我兵法の五つの表《おもて》を遣ひ、覚ゆれば、太刀の道定まりて、振よき所也。能々鍛錬すべし。

［注］武蔵のいう「表《おもて》」は、意味するところが近似の「形《かた》」と訳出した。ただ、現代剣道で使用されるそれとは、まったくの同義といえないことをくれぐれも留意してもらいたい。

8 五つの形《かた》の手順ついて〈その一・中段〉

The Five Exterior Forms—Number One

第一の構えは、中段である。

太刀先を、敵の顔に向けて、敵と対抗し、敵が打ち付けてきたら、右にはずして、敵の太刀に乗るようにオーバーライドして、イニシアチブを取り、敵が再び攻撃してきたら、切っ先返しをして、頭上から打つ。

打ち下ろした太刀をそのままにして、敵が三度目の攻撃をしてくると、下から敵の手を張るように打つのが、第一の形である。

総じて、この五つの形は、文書だけでは、理解しがたい。

実際に、太刀の道筋を稽古して、体現しなければならない。

五つの太刀の道筋を稽古することで、二天一流の本筋まで理解できるようになり、敵からのあらゆる太刀さばきにも、対応できる。

わが二刀の太刀の構えにはこの五つ以外にはないのであり、しっかり身に付けるよう、鍛錬してほしい。

一、五つのおもて第一の次第の事　第一の構、中段。太刀先を敵の顔へ付て、敵に行合時《ゆきあう》、敵太刀打かくる時、右へ太刀をはづして乗り、又敵打かくる時、きつさきかへしにて打。うち落したる太刀其儘《そのまま》置、又敵の打かくる時、下より敵の手はる、是第一也。総別、此五つの表書付る斗《ばかり》にては、合点なりがたし。五つの表のぶんは、手にとつて太刀の道稽古する所也。此の五つの太刀筋にて我太刀の道をも知り、如何様にも敵の打太刀知るゝ所也。是二刀の太刀の構、五つより外に有らずと知らする所也、鍛錬すべきなり。

9 五つの形の手順について〈その二・上段〉 Exterior Form Number Two

第二は、太刀を上段に構え、敵が打ってくるところを、同時に打つ。敵を打ちはずしたときには、太刀をそのままにしておいて、再び、敵が打ってくるのを、下からすくいあげ、打つ。

敵がもう一度打つときも、同じことを繰り返す。

この形には、様々なシフトや、リズムのバリエーションが含まれていることから、これをもって、二天一流をきちんと鍛錬すれば、五つの太刀の道筋が、詳しく理解でき、どのようにも勝つことができる。くれぐれも稽古してもらいたい。

一、おもての第二の次第の事　第二の太刀、上段に構へ、敵打かくる所、一度に敵を打也。敵を打はづしたる太刀、其儘置きて、又敵の打所を下よりすくひ上《あげ》て打つ。今一つ打も同じ事也。此表の内に於ては、様々の心持、色々の拍子、此表のうちを以て、一流の鍛錬をすれば、五つの太刀の道こまやかに知つて、如何様にも勝所有。稽古すべき也。

10　五つの形の手順について〈その三・下段〉

Exterior Form Number Three

第三の構えは、剣先を下段におろして、太刀を引っ提げた気持ちで、敵が打ちかかってくるところを、下から、手を張る。

手を張るところを、敵が再び打ち、こちらの太刀を打ち落とそうとするところを、あえて打たせつつ、自らの持つもう一つの刀で、敵の二の腕を横に斬るイメージである。

つまり、下段に構え、敵の打ってくるところを、ただちに打ち止めるのだ。下段の構えに対しての敵の太刀さばきは、速いときも遅いときもあるから、実際に太刀を持って、鍛錬すべきだ。

一、おもて第三の次第の事　第三の構、太刀を下段に持ちひつさげたる心にて、敵の打かくる所を、下より手をはる也。手をはる所を、亦《また》敵そのはる太刀を打落さんとする所を、こす拍子にて敵打たるあと、二のうでを横にきる心也。下段にて敵の打所を一度に打留《うちとむ》る事也。下段の構をはこぶに、はやき時も遅き時も出合もの也、太刀を取て鍛錬有るべき也。

11 五つの形の手順について〈その四・左脇の構え〉 Exterior Form Number Four

第四の構えは、左側の横に、構えを取り、敵の攻撃を、下から打つ。

下から張るのを、敵が打ち落とそうとするところを、さらに手を張る気持ちで、そのまま太刀の道筋に従い、自分の肩の上に、クロスさせて切り上げる。

これが、太刀のラインである。

敵が再びアタックしてきたら、その太刀を受けて勝つための道筋である。

この技は、よく練習する必要がある。

一、おもて第四の次第の事　第四の構、左の脇に横に構へて、敵の打かくる手を下よりはるべし。下よりはるを、敵打落さんとするを、手をはる心にて、其儘太刀の道をうけ、我肩の上へすぢかいにきるべし。是太刀の道也。又敵の打かくる時も、太刀の道をうけて勝道也。能々吟味有べし。

12　五つの形の手順について〈その五・右脇の構え〉

Exterior Form Number Five

第五の手順としては、太刀を、自分の右の脇に構え、敵の攻撃のラインに応答して、自分の太刀を、下の横から、クロスさせて振り上げ、上段となり、上からストレートに斬り下ろす。

これも、太刀の道筋を、よく知ることにより、可能になる。

この構えから、太刀を振り慣れることになり、重い太刀も、思い通りに使えるようになる。

この五つの形については、細かく書き記すことはしない。二天一流の太刀の道筋を知り、また、それぞれのリズムを覚えて、敵の太刀さばきを見分けるために、まずは、この五つを、徹底的に学ぶことである。敵と戦っているときにも、この太刀筋をトレーニングしていれば、敵のアタックに応じて、色々なリズムで、いかようにも勝てるのだ。くれぐれも理解を深めておくように。

一、おもて第五の次第の事　第五の次第、太刀の構、我右の脇に横に構へて、敵打かくる所の位をうけ、我太刀の下の横よりすぢかへに、上段に振あげ、上より直《すぐ》にきるべし。是も太刀の道能《よく》知らん為也。此おもてにてふりつけぬれば、おもき太刀も自由にふらるゝ也。此五つのおもてに於て、こまかに書付る事能《あた》はず。我家の太刀一通の道を知り、亦大形《またおおかた》拍子をも覚え、敵の太刀を見分る事、先づ此五つにて、不断手をからす所也。敵と戦ひの内にも、此太刀すぢをからして、敵の心を受け、色々の拍子にて、如何様にも勝所也。能々分別すべし。

中段

上段

下段

左脇の構え

右脇の構え

武蔵塚公園（熊本市）内にある大きな石に嵌め込まれた「二天一流（五方の形）」の説明版を訳者にて撮影

13 構えあって構えなしの教え The Stance, No-Stance Teaching

構えあって構えなしの教えは、太刀を構える際、特定の戦闘姿勢を取ることに、意識を集中させてはいけないということである。

そうはいっても、太刀を置くのは五通りだけだから、それを、構えということもできるのだが。

太刀を手にした状態では、敵のスタンスや、場所や、諸事情に応じて、どの方向に構えても、どこからでも、敵を斬り込むことができるような体勢を取ること。

上段を取った場合でも、必要に応じて、少し下がり気味となれば、中段になり、中段からは、必要に応じて、少々上げれば、上段となる。

また、下段も、場合に応じて、やや上げれば、中段となる。

両脇の構えも、状況によって、剣先を、中央に向けて出すと、中段とも、下段ともなる。

そういうわけで、「構えあって構えなし」の理路（リーズン）が成り立つ。

まず、太刀を手にするということは、いかにしても敵を斬るという意思を持つことである。

もし、敵が攻撃してきたら、その太刀を受ける、打つ、当たる、粘る、触るなどがあっても、すべてにおいて、敵を斬るチャンスだと心得よ。

ただ、意図的に受けよう、打とう、当たろう、粘ろう、触ろうと考えれば、「斬る」ことができない。

だから、いつでも斬る好機だと思うことが重要だ。

これをよく勉強してもらいたい。

合戦で、戦闘隊形をつくるのも、構えであるが、それらすべては、合戦で勝利を上げるためのメソッドである。

しかし、構えに固執するのはよくないので、くれぐれも工夫してもらいたい。

一、有構《うこう》無構《むこう》の教の事　有構無構と云ふは、元来太刀を構ふると云事有べき事に非ず。され共、五方に置《おく》事あれば、構へ共、成るべし。太刀は敵の縁により、所により、けいきにしたがひ、何れの方に置たり共、其敵きりよき様に持心なり。上段も時に随ひ、少《すこし》さかる心なれば、中段となり、中段もおりにより少あぐれば上段となる。下段もおりにふれ、少あぐれば中段となる。両脇の構もくらゐにより、少し中へ出さば、中段下段ともなる心なり。然るに依て、構は有りて構は無きと云ふ理也。先づ太刀を取つては何れにしてなりとも、敵を切ると云心なり。若し敵の切る太刀を受る、はる、あたる、ねばる、さわるなど云事あれども、皆々敵を切る縁也と心得べし。受ると思ひ、はると思ひ、あたると思ひ、ねばると思ひ、さわると思ふに依て、切る事不足なるべし。何事も切る縁と思ふ事肝要なり。能々吟味すべし。兵法大きにして人数たてといふも構なり、皆合戦に勝儀也。いつくと云ふ事、悪《あし》し、能々工夫すべし。

14 敵を「一拍子《いっぴょうし》」のタイミングで打つ

Hitting the Enemy with a One-Count Strike

敵を打つリズムに、「一拍子」というタイミングがあり、自分と敵がちょうど打てるぐらいの位置から、敵の心が定まっていないところを察知して、自分の身体、いや、心さえも動かすことなく、素早く、まっすぐに打つタイミングがあるのだ。

そのように、敵が太刀を引こう、外そう、打とうという決断ができないうちに、先に打つのが、「一拍子」の一撃である。

このタイミングをよくマスターし、敵が打ち出す間際に、瞬間的に先に打つ鍛錬を欠かさないように。

一、敵を打に一拍子の打の事　敵を打拍子に一拍子といひて敵にあたるほどの位を得て、敵のわきまへぬうちに心に得て、我身も動かさず心も付かず、如何にも早く直ぐに打拍子也。敵の太刀、ひかんはづさん、打たんと思ふ心のなき内を、打拍子、是一拍子也。此拍子能《よく》習得て、間の拍子を早く打事、鍛錬すべし。

15「二の腰《こし》」のタイミングで打つ The Two-Phase Traversing Cadence

「二の腰」のタイミングとは、自分から攻めようとして、敵が、早く退いて、早く張ろうとしたら、こちらから打つようにフェイントをかけて、敵が、引き締めてかわした直後の、弛《たる》んだ瞬間を打ち、さらに、退いたところを、追っかけて、弛みの出る瞬間を打つ。

これが、「二の腰」のタイミングである。

この一文を読むだけでは、十分に理解できないだろう。

しかし、直接指導を受ければ、すぐに理解できる。

一、二のこしの拍子の事　二のこしの拍子、我打たんとする時、敵早くひき、早くはりのくる様の時は、我うつと見せて、敵のはりてたるむ所を打、ひきてたるむ所を打。是二のこしの打也。此書付計《ばかり》にては、中々打得がたかるべし。教受けては忽《たちまち》、合点のゆく所也。

16 「無念無相」で打つ The Strike of No-Thought, No-Form

自分と敵が、お互い同時に打ち込もうとするとき、心身ともに、敵を打つ態勢になり、手は、自然発生的に、パワーとスピードをつけて、打つ。

この「無念無相」で打つことは、最も重要で、しばしば出くわすものである。よく習得して鍛錬するように。

一、無念無想※の打と云事　敵も打出さんとし、我も打出さんと思ふ時、身も打身になり心も打心になつて、手はいつとなく空になり、しらずしらず打事。是《これ》無念無想とて、一大事の打也。此打度々出合打也。能く習ひ得て鍛錬すべき儀也。

[注]　※を付した「無想」は、文意から「無相」の表記を採りたい。

17「流水」の一撃 The Flowing Water Strike

「流水」の一撃というのは、対抗して、競り合って、敵が、早く身を引こう、はずそう、太刀を早く強く払おうとするときに、心身ともに大きくして、太刀を、身体の後ろにゆったりと動かし、水の流れが淀むように、力をためて、静止させ、そこから、大きくパワフルに、ぐんと打つことである。

これをマスターできれば、確実によい打ちができる。

なお、この場合、敵のキャパシティを見抜くことが、不可欠である。

一、流水の打と云事　流水の打と云ひて、敵合になりてせり合ふ時、敵早くひかん、早くはずさん、早く太刀をはりのけんとする時、我身も心も大きになつて、太刀を我身の後より、如何程もゆる〳〵とよどみのある様に、大きに強く打事有。此打習ひ得ては慥《たしか》に打よきもの也。敵の位を見分る事、肝要也。

18 敵の防御を好機とし、縁に任せて打つ Opportunity Knocks

自分が攻撃するとき、敵がそれをブロックし、強く払おうとするが、それを、頭も、足をも打つ、それも一打ちで。

太刀の道筋は一つにして、縁に任せて、どこでも打つチャンスを捕まえ、敵が防御に入るのを好機として打つ。

いつでも使えるので、実際に、打ち合って、練習するべきものである。

何度もその実践をする中で、よく理解すべきだ。

一、縁《えん》のあたりと云事 我打出す時、敵打とめん、はりのけんとする時、我打一つにして頭をも打、足をも打。太刀の道一つを以て何れなり共打所、是縁の打也。此打よくよく打習ふべし、何時も出合打也。細々《こまごま》打合ひて、分別有べき事也。

19 「石火《せっか》」のように打ち当てる The Flint Spark Blow

石火のように、敵と自分の太刀がバチッと打ち合って密着したところで、自分の太刀を、少しも上げずに、強く打つ。

その際に、足も、胴体も、手も、ぐいと、三か所のパワーを合わせて、キビキビと打ち当たるべきである。

これはよく練習しなければ、難しい。

よく訓練すれば、強く打ち当てることが、できるようになる。

一、石火のあたりと云事　石火のあたりは、敵の太刀と我太刀と付合《つけあう》ほどにて、我太刀少もあげずして、いかにもつよく打也。是は足もつよく、身もつよく、手もつよく、三所を以て早く打べき也。此打、度々打習はずしては打がたし。よく鍛錬すれば、強くあたるもの也。

20 打ち落とすは、「紅葉《もみじ》」のごとく The Autumn Leaves Strike

色濃く変化すると、はらりと舞い落ちる紅葉のように、敵の太刀を打ち落とすと、太刀が敵の手から離れていく。

敵が、身体の前に太刀を構えて、打とう、張ろう、受けようと思った瞬間、「無念無相」もしくは「石火」の打撃によって、敵の太刀を、猛烈に叩いて、そのまま後は粘り付くつもりで、切っ先を押し下げて打てば、敵の太刀は、必ず落ちる。

この技を練習すれば、敵の太刀が、打ち落としやすくなる。

念を入れて、稽古するように。

一、紅葉の打と云事　紅葉の打、敵の太刀を打落し、太刀取はなす心也。敵前に太刀を構へ、打ん、はらん、うけんと思ふ時、我打心は無念無想の打、又石火の打にても、敵の太刀を強く打、其儘あとをねはる心にて、きつさきさがりにうてば、敵の太刀必ず落るもの也。此打鍛錬すれば打落す事やすし。能々稽古有るべし。

21 太刀と身体 Body Replaces Sword

身体についていえば、「太刀に代わる身」は「身に代わる太刀」ともいって、通常では、敵を打撃する場合、身体と太刀は、同時に動かし、一体になって打つことはない。

敵の攻撃により、まず身体から先に打つ体勢を取り、太刀は、その身体とは別に打っていくのである。

もしくは、身体を動かさず、太刀だけで打つ方法もあるが、身体で先に動かして、太刀は身体をフォローして打つことが、一般的である。

この打撃法をよく習って、勉強すること。

一、太刀にかはる身と云事　身にかはる太刀共いふべし、総て敵を打つに、太刀も身も一度には打ざるもの也。敵の打縁により、身をば、さきへうつ身になり、太刀は身にかまはず打所也。若《もし》は身はゆるがす、太刀にて打事は有れ共、大形は身を先へ打、太刀をあとより打ものなり。能々吟味して、打習ふべき也。

22 打つことと、そして当たること Striking and Hitting

敵を打つことと、敵に当たることとは、別物だ。

打つとは、どのような打撃であっても、確信を持って、しっかりと打つことだ。

当たるとは、ジャブぐらいの意味だが、たとえ強く当たって、敵がたまたま即死してしまうのも、「当たる」である。

また、「打つ」とは、一撃でノックアウトするという意思を持って、打つことである。

この違いを、研究することが、大切である。

敵の手でも足でも、当たるとは、まず当たって、その後、決定的に強く打って、セットアップするためである。

つまり、当たるとは、敵に触る程度の意味で、練習すれば、その違いが分かる。

工夫するように。

一、打とあたると云事 打と云ふ事、あたると云事、二つ也。打と云ふ心は、何れの打にも思ひうけて、慥《たしか》に打也。あたるは行あたる程の心にて、強くあたり、忽ち敵の死る程にても、是はあたる也。打と云ふは、心得て打と云所也。吟味すべし。敵の手にても足にてもあたると云ふは、先《まず》あたる也、あたりて後を強く打たん為也。あたるはさはる程の心、能《よく》習得ては各別の事也。工夫すべし。

23 「愁猴《しゅうこう》」のように Like a Short-Armed Monkey

「愁猴」とはサルのことで、手を伸ばさない心のことをたとえていうものだ。

敵が、打ち込もうとするとき、少しも手を先に出す意思を持つのではなく、自分の身体ごと、素早く敵の懐に入り込むのである。

手を出そうとすると、必ず身体は遠く退くことになるので、全身をパッと、敵の懐に入り込むよう、心に決めるのだ。

手が届くぐらいのディスタンスであれば、身体が入りやすい。

重々検討してみるように。

一、しうこうの身と云事　秋猴※の身とは、手を出さぬ心也。敵へ入身《いりみ》になりて、少しも手を出す心なく、敵打前、身をはやく入心也。手を出さんと思へば、必ず身は遠のくものなるに依て、総身をはやくうつり入心也。手にて受合する程の間には、身も入やすきもの也。能々吟味すべし。

［注］※を付した「秋猴」については、誤記もしくは誤写とされる。「愁猴」と書けば、手の短いサルのことを示す。そう理解するほうが素直であろう。

24 「漆膠《しっこう》」のように Body of Lacquer and Glue

「漆膠」というのは、敵に粘り付いて、離れないことである。

敵の身体に入るとき、頭、胴体、足を、ぴったり密着させることである。人によっては、顔と足は、素早く密着させることができるが、胴体は離れることが多い。

少しでも隙間が空かないよう、自分の胴体を、敵にしっかりと寄せて、くっ付く。

しっかりと研究すること。

一、しつかうの身と云事　漆膠とは入身《いりみ》に能付《よく》て、はなれぬ心也。敵の身に入時、頭をもつけ、足をも付、強く付所也。人毎に頭、足は早く入れども、身のゝくもの也。敵の身へ我身をよく付け、少しも身のあひのなき様につくもの也。能々吟味有るべし。

25 「丈《たけ》比べ」ということ Contesting Height

「丈比べ」というのもあり、どんな場合でも、敵に身を入れ込むときは、自分の身体を、少しも縮めずに、足・腰・首も伸ばして、むんずと侵入して、密着することだ。

敵と自分の顔を並べて、身の丈を比べれば、比べ勝つと思うほど、身長を高くし、アドバンテージを得て、積極的に入り込むことが大事だ。

よく工夫を重ねておくように。

一、たけくらべと云事　たけくらべと云は、何れにても敵へ入込時《いりこむ》は、我身のちゞまざる様にして、足をも延べ、腰をのべ、首をも延べて強く入。敵の顔と我顔とをならべ、身のたけをくらぶるに、くらべ勝と思ふ程、高くなつて、強く入所、肝心也。能々工夫すべし。

26 粘ること Making it Bind

敵も自分も打ちかかり、そこで、敵が攻撃をブロックする場合に、自分の太刀を、敵の太刀に付けて粘る気持ちで、身体を入れていく。

粘ることは、太刀が簡単に離れないという意味であり、あまり強くない度合で、身を入れ込むようにする。

敵の太刀に付けて、粘りをかけて入り込むときは、ゆっくりと、静かな感覚で、入ってもよい。

「粘る」ことと、「もつれる」ことは違うものであり、粘るのは強く、もつれ合うのは弱い、ということを区別できるように。

一、ねばりをかくると云ふ事　敵も打かけ、我も太刀打かくるに、敵うくる時、我太刀敵の太刀に付て、ねばる心にして入也。ねばるは、我太刀敵の太刀とはなれがたき心、余り強くなき心に入るべし。敵の太刀につけて、ねばりをかけ入時は、いか程も静に入つても苦しからず。ねばると云事と、もつるゝと云事、ねばるは強く、もつるゝはよわし、此事、分別有べし。

27 「身の当たり」というもの Body Smashing

「身の当たり」とは、敵の横へと接近し、全身で、敵にぶつかることである。

自分の顔をやや背け、左の肩を出し、敵の胸に当たる。

できる限りの力を込めて、体当たりをできるよう、呼吸と拍子を合わせて、弾む気持ちで、飛び込む。

この当たり方をマスターすることで、敵を4～5メートルもはね飛ばす力が付く。

敵が死んでしまうほど、打撃を与えることになる。

よく鍛錬に励むように。

一、身のあたりと云事　身のあたりは、敵のきわへ入込み、身にて敵にあたる心也。少し我顔をそばめ、我左の肩を出し、敵の胸にあたる事。我身をいか程も強くなりあたる事、いき合ふ拍子にて、はづむ心に入べし。此入る事、習ひ得ては、敵二間《けん》も三間もはねのく程、強きもの也。敵死入《しにいる》ほどもあたる也。能々鍛錬有べし。

28「三つの受け」について The Three Parries

「三つの受け」というものがあり、一つは、敵に入り込むとき、太刀で敵の目を突くように攻めて、敵が打ってくる太刀を、自分の右のほうへと引き流して、受ける。

一つは、「突き受け」といって、敵が打ってくる太刀に対し、敵の、向かって右側の目を突くようにして、大小両刀で、首を挟む気持ちで、突きかけて、受ける。

一つは、敵が攻撃してくるとき、懐に接近して、それを受けようとする敵の太刀を気にせず、左手に持っている短い刀で、敵の顔面を突くように、入り込む。

これらが「三つの受け」である。

左手を握り、こぶしで顔を突くように思うこと。

徹底的に鍛錬すべきである。

一、三つのうけの事　三つのうけと云は、敵へ入込《いりこむ》時、敵打出す、太刀をうくるに、我太刀にて敵の目をつく様にして、敵の太刀を、我右の肩へ引流して受るべし。亦《また》つきうけと云ひて、敵打太刀を敵の左の目をつく様にして、くびをはさむ心につきかけて受る所。又敵の打時、短き太刀にて入に、受る太刀はさのみかまはず、我左の手にて敵のつらをつく様にして入込む。是三つのうけ也。左の手をにぎりてこぶしにて、つらをつく様に思ふべし。能々鍛錬有べきもの也。

29 「面《おもて》を刺す」こと Stabbing the Face

「面を刺す」というのは、敵と打ち合いになって、敵の太刀が打ち込んでくる間合いと、自分の太刀の打ち込んでいくタイミングにも、敵の顔を、太刀先で突き刺すことで、その気持ちを常に持つことが大切である。

敵の顔面を突く気持ちがあれば、敵は、顔も身体も、のけぞる。

このように、敵を動かすことができれば、勝つための様々な秘訣になるので、よく工夫するように。

打ち合い中、敵が身体をのけぞるフィーリングになれば、もうこちらの勝ちになったようなものだ。

このため、顔を突き刺すという気持ちを忘れてはいけない。兵法を稽古するとき、このプリンシプルをつかみ取るために、しっかりと鍛錬をすること。

一、面をさすと云事　面をさすとは、敵と太刀合《たちあい》になりて、敵の太刀と我太刀の間に、敵の顔を我太刀さきにて突く心に、常に思ふ所肝心なり。敵の顔を突く心有れば、敵の顔、身も、のるもの也。敵をのらする様にしては、色々勝つ所の利有、能々工夫すべし。戦の内に敵の身のる心有ては、はや勝所也。夫によつて面をさすと云事、忘るべからず。兵法稽古の内に、此利、鍛錬有べきもの也。

30 心《むね》を刺す Stabbing the Chest

「むね（心）を刺す」とは、戦闘中に上方や脇などが障害物で詰まっていて、どうしても太刀で斬れないとき、敵を突くことである。

敵が打ってくる太刀を避ける要点は、自分の太刀のむね（棟）をまっすぐに敵に見せ、太刀先がぶれないように引いて、むね（胸）を突く。

合戦中にヘロヘロになっているとき、刀が鈍くなって斬れない場合、このテクニックだけ使えばよい。

よく理解すべきことである。

一、心をさすと云事　心をさすと云は、戦の内にうへつまり、わきつまりたる所などにてきる事、何れもなりがたき時、敵をつく事。敵の打太刀をはづす心は、我太刀のむねを、直《すぐ》に敵に見せて、太刀先ゆがまざる様に引とりて、敵のむねを突く事也。若《もし》我くたびれたる時か、又は刀のきれざる時などに、此儀専ら用ゐる心也。能々分別すべし。

31 「喝咄《かつとつ》」で斬ること Katsu-Totsu Cuts

「喝咄」とは、どのようなときも自分が打ちかかって、敵を押さえ込むとき、敵がまた打ち返すところを、下から敵を突くように太刀を上げ、返す太刀で打つことである。

どちらも素早く、「カツ！」と突き上げ、「トツ！」と切っ先返しで打ち下ろす心持ちである。

このリズムは、打ち合いで、いつも出くわすものであり、「喝咄」のメソッドは、切っ先を上げる気持ちで、敵を突こうと思い、上げると同時に、一呼吸で打つ拍子なので、よく稽古をして会得するように。

一、かつとつと云事　喝咄と云は、何れも、我打かけ、敵をおひこむ時、敵また打かへす様なる時、下より敵を突く様にあげて、返しにて打事。何れも早き拍子を以て、喝と突あげ、咄と打心也。此拍子、何時も打合の内には、専ら出合事なり、喝咄のしやう、きつさきあぐる心にして、敵を突《つく》と思ひあぐると一度に打拍子、能く稽古し、吟味有るべき事也。

32 「張り受け」とは The Slapping Parry

「張り受け」というのは、敵と打ち合うとき、ガチャン、ガチャンという、負けず劣らずの状態になったら、敵の打ってくるところを、ピシャリと叩き合わせて、間を置かず、打つものである。

叩くパワーはさほど強くなく、またブロックするのでもなく、敵の打ってくる太刀に応じ、その太刀を張り、そらせるが、その張るときよりも早く、敵を打つことである。

張ることで、主導権を握り、打つことでも先手を取ることが、極めて重要である。

軽い張りでも、タイミングが上手く合うと、敵がいくらパワフルに打ってきても、自分の太刀先が落ちることはないので、よく練習して理解を深めるように。

一、はりうけと云事　はりうけと云は、敵と打合時、どたんどたんと云ふ拍子になるに、敵の打所を、我太刀にてはり合せ打也。はり合する心は、さのみきつくはるには非ず、亦《また》うくるに非ず、敵の打太刀に応じて、打太刀をはりて、はるより早く敵を打事也。はるにて、先をとる、うつにて先をとる所肝要也。はる拍子能《よく》合へば、敵何と強く打ても、少しはる心有れば、太刀先の落る事に非ず、能習得て、吟味有べし。

33 「多敵の位《くらい》」でなすべきこと

Dealing to Many Enemies

「多敵の位」とは、一人で、複数の敵と争うときのことである。

自分の太刀を抜き、左右に広くスペースを取り、大小の刀を横に捨てるかのように広げ、構える。

敵が、四方から襲いかかってきても、一方へ追い回すよう努める。

敵がかかってくる方向から、先にくる者を見抜き、その者と交戦し、全体を見ながら、敵がかかってくる態勢を把握して、右へ左へと太刀を一度に振りまじえて、前方の敵を斬り、太刀を戻すようにして、脇にいる敵を斬る。

そこで、止まってはいけない。

ただちに、両脇の位置に太刀を構え、出てくる敵を強く斬り込んで、追いかけて攻め崩し、また、敵の出てくるほうへとアタックして、攻め崩していく心持ちである。

糸を通してつながれた魚のように、何としても、敵を狩り立てる心持ちで追いかけ、そのように敵が重なってくれば、そのまま、すかさず、強く斬り込む。

ただし、敵が密集するところを、攻撃することに夢中になれば、スムーズに捗ることはない。

また、敵が出てくるほうばかりを思って、待つのはよろしくない。

敵のパターンを読んだうえで、崩れるところを知り、そこを狙って、勝つ。

時折、稽古の相手を多数寄せ集めて、それを追い込むコツをつかめば、一人の敵も、十人、二十人の敵を処理するのも、余裕である。

よく稽古して、研究してもらいたい。

一、多敵の位の事　多敵の位と云は、一身にて大勢と戦ふ時の事也。我刀脇差を抜て、左右へ広く太刀を横に捨て構る也。敵は四方より懸《かか》る共、一方へ追まはす心也。敵かゝる位前後を見分て、先へ進む者に早く行合ひ、大きに目を付て、敵打出す位ゐを得て、右の太刀も左の太刀も、一度に振ちがへて、行く太刀にて前の敵を切り、戻る太刀にて脇に進む敵を切る。太刀を振ちがへて待事、悪《あし》し。早く両脇の位に構へ、敵の出たる所を強く切込み、追くづして、其《その》儘《まま》、又敵の出たる方へ懸りくづす心也。いかにもして敵をひとへに魚つなぎに追なす心にしかけて、敵の重ると見えば、其儘、間をすかさず、強く払ひこむべし。敵あいこむ所、ひたと追廻しぬれば、はかゆきがたし。又敵の出るかた〳〵と思へば、待《まつ》心有りて、はかゆきがたし。敵の拍子をうけて、くづるゝ所を知り、勝事也。折々相手を数多《あまた》よせ、追込付《おいこみつけ》て、其心を得れば、一人の敵も十、二十の敵も心やすき事也。能《よく》稽古して、吟味有るべき也。

34 「打ち合いの利」とは The Principles of Engagement

「打ち合いの利」ということによって、剣術で勝利を得るプリンシプルを自得することがある。

詳細を書き記すことはできない。

よく稽古をして、勝つ方法を知るべきである。

ほとんどの兵法の実《まこと》の道を表す太刀さばきであり、口伝するしかない。

一、打あいの利の事　此打あいの利と云事にて、兵法太刀にての勝利を弁《わきま》ふる所也。こまかに書しるしがたし。能《よく》稽古有りて、勝所を知るべきもの也。大形《おおかた》兵法の実の道をあらはす太刀也、口伝。

35 「一つの打《うち》」とは Single Strike

「一つの打」、すなわち一撃必殺のマインドを持つことで、間違いなく勝機を得ることになる。

しかしながらそれは、兵法をしっかり学ばなければ、理解しにくいことである。よく稽古すると、兵法は心のままとなって、勝つ道は思うままとなる。思い切り稽古せよ。

一、一つの打と云事　此一つの打と云心をもつて、慥《たしか》に勝所を得る事也。兵法能《よく》学ばざれば心得がたし。此儀能鍛錬すれば、兵法、心の儘になつて、思ふ儘に勝道也。能々稽古す可《べ》し。

36 「直通《じきつう》」になること Direct Transmission

「直通」の心とは、二天一流の実《まこと》の道を修めて伝えることができるものである。よく鍛錬し、この兵法を体得することが重要であり、詳細は口伝する。

一、直通の位と云事　直通の心、二刀一流の実の道をうけて伝ふる所也。能々鍛錬して、此兵法に身を為す事肝要なり、口伝。

結

Summary

ここまで、わが流派である二天一流の教えを、概説してきた。

兵法において、太刀を使って、人を倒す鍵とは、まず五つの形《かた》をもって、五方の構えを学び、太刀の道筋をマスターし、全身をリラックスさせて、フリーに動けるようになること。

心の働きがフリーになったところで、兵法の道の拍子を知ると、自然と、太刀さばきが冴えて、なめらかになり、胴体・足・心が、一体となって、自由自在に動くようになり、従って、一人、二人の敵に勝ち、兵法の善悪が分かるようになるから、この書の内容を一つずつ稽古し、実際に敵と戦って、徐々に兵法の勝利への道を得るよう、絶えず心がけ、焦らず、折々稽古を重ねて、兵法のベネフィットを会得し、どんな相手とも打ち合って、心の中を知り、千里の道を、一歩一歩進んでいくのである。

じっくりと兵法を修行することは、武士としての役目と意識し、今日の自分は昨日の自分に勝ち、明日は、自分より力量が下の者に勝ち、その後、上の者に勝つぞと思い、この書の通りに実践し、少しでも横道にそれないこと。

たとえ、どれだけの敵に勝っても、教えを無視すれば、実《まこと》の道ではない。

この勝利への道を学び得たなら、一人で数十人を打ち負かす心得が、はっきりと見えてくるだろう。

しかも、剣術の智力を身に付けると、大勢の合戦でも、一対一の戦いでも勝利する兵法をマスターできよう。

千日の稽古を「鍛」とし、万日の稽古を「錬」とする。

よくよく噛み締めるように。


右書付る所、一流の剣術、大形《おおかた》此巻に記し置《おく》事也。兵法、太刀を取て、人に勝事を覚ゆるは、先《まず》五つの表を以て、五方の構を知り、太刀の道を覚えて総体自由になり。心のきき出て、道の拍子を知り、おのれと太刀も手さへて、身も足も心の儘にほどけたる時に随ひ、一人に勝ち二人に勝ち、兵法の善悪を知る程になり、此一書の内を一ヶ条〱と稽古して、敵と戦ひ、次第〱と道の利を得て、不断《たえず》心にかけ、いそぐ心なくして、折々手に触れては徳を覚え、何れの人共打合、其心を知つて、千里の敵も一足づゝ運ぶなり。緩々と思ひ、此法を行ふ事、武士の役也と心得て、今日は昨日の我に勝ち、あすは下手に勝ち、後は上手に勝《かつ》と思ひ、此書物の如くにして、少しも脇の道へ心のゆかざる様に思ふべし。縦《たと》ひ、何程の敵に打勝ても、習ひに背く事にては、実の道に有べからず。此理心にうかひては、一身を以て数十人にも勝心の弁《わきま》へ有べし。然る上は、剣術の智力にて、大分一分の兵法をも得道《とくどう》すべし。千日の稽古を鍛とし、万日の稽古を錬とす。能々《よくよく》吟味有べきもの也。

正保二年五月十二日　　新　免　武　蔵

寺尾孫之丞殿

寛文七年二月五日　　寺尾夢世勝延（花押）

山本源介殿

解説 武蔵が何度となく使う「拍子」とは何か

武蔵は、「水」の巻で兵法の心理的基盤を説明している。視線や姿勢、刀の握り方など、戦闘の基本的な要素を書いている。武蔵が二天一流のために編み出した「五方の構

え」と「五つのおもて（形《かた》）」も紹介している。刀の使い方や斬り方の原理や「太刀の道筋（ライン）」の重要性を掘り下げている。豊富な実戦経験をもとに、流儀の核となる技や拍子、打突の機会などを詳しく説明し、複数の相手と同時に対抗する方法も教えている。

ここで取り上げたいのは「拍子」のことである。各巻に拍子の重要性が強調されているが、「水」の巻では特に細かく説明している。

二人の剣士が剣道の稽古をしているとき、まるでダンスのように見える。一人が前に出て、もう一人が後ろに下がり、その逆もまた然り、である。実際、私の尊敬する剣道の先生から「強くなりたいのであれば、社交ダンスをやればいい」といわれたこともある。

剣道では、相手の意図をいかに読み取るかが重要なポイントになるわけだが、そのためにリズムは大きな手がかりになるというのが、武蔵が強調するところでもある。体さばき、剣先の動き、呼吸、構えに何かしらのリズムがある。だが、拍子というのは、非常に多くの意味を持つ言葉である。英語では、訳出したように、リズム、テンポ、タイミング、ビート、モメンタムなどと訳すことができる。武蔵がいうように、拍子はすべてのものに存在する。武術というよりは音楽の例を挙げて説明したほうが分かりやすいかもしれない。

私は音楽家ではないが、音楽活動をしているアメリカ人の剣道仲間J・マイケル・シルズ氏が、このことに関して興味深い説明をしてくれた。

私たちが耳にする音楽の大半は、四分の四拍子というリズムである。これは、一小節に4ビートあることを意味する（分かりやすくするために、とりあえず一小節＝四秒ということにしよう）。

ゆっくりしたテンポから速いテンポまで様々あるが、四分の四拍子の場合、一小節には必ず4ビートがある。そのため、時間の数え方は次のようになる。

1‐2‐3‐4、1‐2‐3‐4、を繰り返す。これを「四分音符（クォーターノート）」という。ここからさらに、時間を半分に分けると、「1＆2＆3＆4＆……」となる。これにより、同じ時間で、二倍の拍子となり、これを「八分音符」で表す。

面白いことに、ほとんどの人の構えのリズムは、音楽と同じように、2または4ビートであるとシルズ氏は言う。構えのリズムとは、足さばき、呼吸、剣先の動きなどで表されるもので、武蔵は、敵のリズムを見極めたうえで、その「間」に打つことを勧めている。例えば「1-2-3」と「4」の間、あるいは「1-2」と「3-4」というように、である。

また、四分の二拍子や四分の四拍子の構えを取る相手に対抗するには、四分の三拍子の方が有利な場合があるので、自分の拍子を変える、もしくは拍子を外すようなことも勧めている。そうすることによって、相手側は、タイミングを乱してしまい、打つべき機会をつかめなくなるのである。

剣道で、高段者や動きの速い器用な学生と試合をすると、拍子がそれぞれに違う。レベルの高い剣士は、集中力が高いために、「三十二分音符」のような、非常に速い拍子で瞬間的に打ってくる。それゆえ、相手からすれば、逆に打ち込む隙が短くなってしまう。

不屈の集中力で、相手の攻めによる精神的なプレッシャーに打ち克ち、その攻防を乗り切ることができないと、そのうちに、何もできずに打たれてしまうことになる。

しかし、相手の（音符に示されるような）リズムを直感して、それをコントロールできるようなら、速い拍子でなく、ゆっくりとした攻め技を仕掛けたとしても勝てるだろう。そうした姿を見せてくれるのが真の剣道の達人であり、武蔵が『五輪書』で示そうとしたことでもあると私は思う。

実際にそうした高次元のレベルの人と稽古をすると、たいていの人は、すぐに息が上がってしまってどうしようもなくなって、完敗する。息が上がるというのは、自分のリズムが崩された証拠である。

もちろん、これは剣道だけではない。野球のピッチャーとバッターの対決も、基本的にはダンスである。バッターの最大の目標は、タイミングを合わせてジャストミートすることである。

逆に投手は、様々な球種をストライクとボールのゾーンを使い分けながら、様々なコースに、様々なスピードで投げることで、打者のタイミングを乱そうとする。だから、優れた打者は、入ってくる球を最良のタイミングで捉えるために、スイングのリズムを整えるコツを知っている。

また、内野手のフィールディングでもそうだ。ボールが自分のほうに飛んでくると、内野手はバウンドを読み、ショートホップまたはロング・ノーバウンドでフィールディングし、意図した塁に向かって勢いを付けながら、フットワークでリズムをつくり、無駄な動きをせずに効率的かつ正確に投げるための足場を整えるという「ダンス」をする。

バスケットボールにおいては、最高のシューターは、フットワークとシュート・ショットで独特なリズムをつくり出す方法を持っている。コーナーからのセットショットや、ドリブルで離れた場所から自分のシュートを決めるなど、どのような状況であっても、フットワークは、リズムと一貫性を持ってボールを放つための重要な役割を果たしている。

二〇二四年に初めてオリンピックの種目になるというブレイクダンスは、なぜ競技種目になるのかと疑問に思う人もいるかもしれないが、私は、最高のアスリートはブレイクダンサーだと思っている。身体の大きさは関係なく、相対的な体の強さ、スピード、パワー、柔軟性、機動性、ボディコントロールとコーディネーション、バランス、そして拍子の組み合わせはとても素晴らしいものである。きっと武蔵もそう思うに違いない。

火の巻

Fire Scroll

序 戦いとは、火の勢い Fighting is Fire

二天一流の兵法は、戦いを「火」の観点から考えるもので、戦いや勝負のことを、「火」の巻として、ここで説明する。

まず世の人々は、兵法のセオリーを狭く理解し、あるいは、指先で手首15センチ・9センチメートルの小手先だけのテクニックとして知り、もしくは、扇を持って、肘から先のスピードによって、勝てると思い込み、または、竹刀などを振り回すにも、手と足を少しだけでもスピーディーに動かせばよいと思って練習し、少しばかりのアドバンテージを求めようとする。

二天一流においては、どんなときも、勝負は命を懸け、打ち合い、生きるか死ぬかという二つしかなく、刀の道を覚え、敵の太刀さばきの強弱を知ったうえで、太刀の道筋を見定め、敵を討ち果たすことを鍛錬するゆえ、前段のような、小さな、いや、弱い剣術は、問題外である。

特に、甲冑で身を守っているときに、細かい技などは、思い出す余裕などない。だから、命を懸けた真剣勝負において、一人で、五人、十人と対抗し、勝つためのルートを、確実に知ることが、二天一流の道なのである。

従って、一人で十人に勝ち、千人で万人に勝つプリンシプルを区別する要因があるのか、ということをよく考えてもらいたい。

しかしながら、普段の稽古のとき、千人・万人を集めて、訓練することはできない。

一人で、太刀を持ち、敵のストラテジーを見抜いて、強みや弱み、メソッドなどを知り、兵法から得られるウィズダムをもって、万人に勝つことを極めるなら、この道のマスターとなる。

二天一流の「直道《じきどう》」、すなわち正道は、この世において、誰が得よう、誰が極めよう、いや、自分なのだと決心し、朝晩鍛錬し、磨き上げていくと、自然と高く賞賛されるべき力が湧いてきて、マジカルでミステリアスなパワーも生まれる。
これが、兵法を実践する極意である。

二刀一流の兵法、戦の事を火に思ひとつて、戦勝負の事を火の巻として、此巻に書顕《あらわ》す也。先《まず》、世間の人毎に、兵法の利をちひさく思ひなして、或は指先にて手くび五寸三寸の利を知り、或は扇を取て、ひぢより先の先後の勝を弁《わきま》へ、又はしないなどにて、わづかの早き利を覚え、手をきかせ習ひ、足をきかせ習ひ、少《すこし》の利の早き所を専とする事也。我兵法に於て、数度の勝負に一命をかけて打合、生死二つの利をわけ、刀の道をおぼえ、敵の太刀の強弱を知り、刀の刃むねの道を弁へ、敵を打果《うちはたす》所の鍛錬を得るに、ちひさき事、弱き事、思ひよらざる所也。殊に六具かためてなどの利に、ちひさき事、思ひ出る事に非ず、更《さらに》は命をはかりの打合に於て、一人して五人十人共戦ひ、其勝道を慥《たしか》に知る事、我道の兵法也、然るによつて、一人して十人に勝ち、千人を以て万人に勝つ道理、何の差別有んや、能々《よくよく》吟味有べし。去《さり》ながら常々の稽古の時、千人万人を集め、此道為《い》習《なら》ふ事、成事に非ず。独《ひとり》太刀を取ても、其の敵の智略をはかり、敵の強弱、手たてを知り、兵法の智徳を以て、万人に勝所を極め、此道の達者となり。我兵法の直道、世界に於て、誰か得ん、又何れか極めんと慥かに思ひ取つて、朝鍛夕錬して磨きおほせて後、独《ひとり》自由を得、自ら奇特《きどく》を得、通力不思議有所。是《これ》兵として法をおこのふ息《いき》也。

1「場」の情報収集について Assessing the Location

戦いの場、すなわちその環境や立ち位置を見分けるとき、立っているポジションが、太陽を背にすることがある。

そう、太陽を後ろにして構えを取るのだ。

もしも、太陽を背にすることができない場合、大刀の動きが見えないよう、右脇に太陽があるようにするといい。

室内においても同様に、灯りを後ろに、もしくは右脇にすること。

後ろの場が無くならないよう、つまり、大刀を自在に使えるよう、左の場をオープンにし、右側から攻められないよう、右脇の場を詰め、構えたい。

そして夜でも、敵が見えるところでは、火を後ろにし、灯りを右脇にすることを心得、構えるべきなのである。

それから、「敵を見下ろす」というが、少しでも、敵より高いところに構えるよう、心がける。

室内であれば、上座を、高いところと思えばよい。

さて、戦いとなって、敵を追い回すとき、自分の左の方へ追い回す気持ちで、動きにくい難所を、敵の後ろにさせ、どんな場合でも、動きにくい所へと追いかけていくのが、肝要である。

難所では「場を見せない」というが、敵に、周りを見る余裕を与えず、追い詰める。

室内でも、敷居・鴨居・戸・障子・縁、また柱などのほうへと追い詰め、「場を見せない」ようにするのは、同じである。

室内外のどちらにおいても、敵を追いかける方向は、足元の悪いところ、または脇に障害物のあるところで、その場のアドバンテージを活かして、場の勝ちを得る心がけが最も大切であり、よく検討し、鍛錬すべきである。

一、場の次第と云事　場の位を見分る所、場に於て日をおふと云事有。日をうしろになして構ふる也。若所《もし》により日をうしろにする事ならざる時は、右のわきへ日をなす様にすべし。座敷にても、あかりをうしろ右脇となす事同前也《どうぜん》。うしろの場つまらざる様に左の場をくつろげ、右の脇の場を詰めて構度事也《かまえたき》。夜る《よ》にても敵の見ゆる所にては火をうしろにおひ、あかりを右脇にする事、同前と心得て構ふべきもの也。敵を見おろすと云て、少しも高き所に構ふる様に心得べし。座敷にては、上座を高き所と思ふべし。扨《さて》戦になりて敵を追廻す事、我左の方へ追廻す心、難所を敵のうしろにさせ、何れにても難所へ追懸《おいかく》る事肝要なり。難所は敵に場を見せずと云ひて、敵に顔をふらせず、油断なくせめ詰る心也。座敷にも、敷居鴨居戸障子椽など、又柱などの方へ追詰るにも、場を見せずと云事同前也。何れも敵を追懸る方、足場のわるき所、又は脇にかまひの有所、何れも場の徳を用ひて、場の勝を得ると云ふ心専らにして、能々吟味し鍛錬有る可きもの也。

2 三つの「先《せん》」について About the "Three Initiatives"

三つのうち、まず、一つは、敵が動くより先に、自分から敵へかかっていくときに取るタイミング（機先《きせん》）のことで、「懸《けん》の先」という。

二つ目は、敵からかかってきたときに、先手を取るタイミングで、これは「待《たい》の先」という。

三つ目は、自分と敵が同時に仕掛け合うときに、先手を取るタイミングで、これを「体々《たいたい》（対々《たいたい》）の先」という。

これらが「三つの先」である。

どんな戦いでも、初めは、この三つの「先」以外にはない。

先手を取るかどうかで、早く勝ちを得ることができるため、この「先」というタイミングが、兵法の第一なのである。

「先」の内容は色々あるが、ケースバイケースで、その時々の理にかなうことを優先し、敵の心を読み、兵法のノウハウを持って勝つので、詳しく書き上げることができない。

第一に、「懸の先」とは、自分から、かかっていこうと思うとき、静止のポジションから、一気に、素早くかかっていく、そのタイミングのこと。

表面の動きは、パワフルでスピーディーに心には余裕を残し、戦いのイニシアチブを取るタイミングのこと。

また、自分のマインドと気力を、できる限り充実させ、フットワークは、普段より、やや早くして、敵の側へ寄るなり、激しく打ち取るタイミングのこと。

マインドを解き放ち、戦いのスタートからフィニッシュまで、一貫して、敵を押し潰す気持ちで、思い切って、強くかかり、勝つタイミングのこと。

これらは、いずれも「懸の先」である。

第二に、「待の先」とは、敵が、自分のほうへ、かかってくるとき、少しも気にせず、さも弱いかのように見せて、敵がさらに近くに寄ってきたら、間合いを切って、飛び付くかもしれないぞと見せかけるうちに、敵の弛みを捉えて、すかさず強くアタックし、勝つタイミングのこと。

これが「待の先」の一つである。

また、敵がかかってくるときに、自分もさらに強く出、敵の攻撃のテンポが変わった瞬間、そのまま打ち、勝つタイミングのこと。

これらが「待の先」のいわゆる理合《りあい》である。

第三に、「体々の先」とは、敵が早く打ちかかってくるときは、自分から冷静に強くかかり、敵が近くに入ってきたら、急に、捨て身で打つ態勢を取り、敵の弛んだ隙を見、ただちに強く打ち、勝つタイミングのこと。

また、敵が、静かにかかってくるとき、身軽にし、少し早く、敵へとかかり、近付いたら、ひと揉《も》みをし、そのリアクションに応じて、強く打ち、勝つタイミングも「体々の先」である。

これらの詳細は書き分けにくい。

だが、ここに書き付けたことを参考にして、工夫してもらいたい。この三つの「先」は、時に従い、理に従うもので、いつも、自分から、かかっていくものではないとはいえ、どうせなら、必ず自分から率先して、敵にかかって、敵が後手に回るよう、コントロールしたいものである。すべてこの「先」のことは、兵法にもとづくインテリジェンスによって勝つコツであるから、よく鍛錬するように。

一、三つの先と云事　三つの先、一つは我方より敵へかゝるせん、けんの先と云ふ也。又一つは敵より我方へかゝる時の先、是はたいの先と云。又一つは我もかゝり敵もかゝりあふ時の先、体々の先と云。是三つの先也。何れの戦ひ始にも此三つの先より外はなし。先の次第を以て勝事を得るものなれば、先と云事兵法の第一也。此先の子細様々は有りと云へ共、其時の利を先とし、敵の心を見、我兵法の智恵を以て、勝事なれば、こまやかに書分る事に非ず。第一懸の先、我かゝらんと思ふ時、静かにして居、俄《にわ》かにはやくかゝる先。うへを強くはやくして、底を残す心の先。又我心をいかにも強くして、足は常の足に少《すこし》はやく敵のきわへよると、早くもみたつる先。又心をはなつて、初中後、同じ事に敵をひしぐ心にて、底まで強き心に勝。是何れも懸の先也。第二待の先、敵我方へかゝりくる時、少しもかまはず、よわき様にみせて、敵近くなつて、づんとつよくはなれて飛び付く様に見せて、敵のたるみを見て、直《すぐ》に強く勝事、是一つの先。又敵かゝりくる時、我も猶《なお》強くなつて出る時、敵のかかる拍子のかはる間をうけ、其勝を得る事。是待の先の理也。第三体々の先、敵早くかゝるには、我静に強くかゝり、敵近くなつて、づんと思ひ切る身にして、敵のゆとりの見ゆる時、直に強く勝。又敵静かにかゝる時、我身うきやかに少はやくかゝりて、敵近くなりてひともみもみ、敵の色に随て強く勝事、是体々の先也。此儀濃《こまやか》に書分がたし。此書付を以て、大形《おおかた》工夫有べし。此三つの先、時に随ひ、理に随ひいつにても、我方よりかゝる事には非るものなれ共、同じくは我方よりかゝりて、敵をまはしたき事也。何れも先の事、兵法の智力を以て、必ず勝事を得る心、能々鍛錬有べし。

3「枕を押さえる」ことについて

Stopping the Start

「枕を押さえる」とは、頭を上げさせないことを意味する。

兵法における勝負の道に限っては、相手にコントロールされ、後手になることがよくない。

どのようにしても、敵を、存分に操りたいものである。

従って、敵も同じように思い、自分にもそのつもりがあるが、相手のストラテジーを把握しなくては、それは、叶えることはできないのであり、戦いにおいては、敵の打つところを止め、突くところを押さえ、組み付こうとするところを押し離したりするといったことがある。

「枕を押さえる」というのは、二天一流という実《まこと》の道をマスターし、敵と戦うとき、敵が何を考えようと、その意図を行動に移さないうちに見抜き、敵が「打《う》つ」という「う」の字の頭を押さえ、その後、行動させない心をいうのであって、それが「枕を押さえる」ための心得である。

例えば、敵が「かかる」という言葉の最初の「か」、「飛《と》ぶ」という文字の「と」、「斬《き》る」という文字の「き」、その頭を押さえるというように、である。

いずれも、同じ心得である。

敵が、自分に技を仕掛けてくるとき、無駄打ちで、危なくない場合には、そのまま敵に任せておき、危険な技なら、押さえて、有効にさせないことが、兵法では、非常に大事である。

これも、敵のすることを、押えよう押さえようとする気持ちばかりでは、後手に回る。

まず、自分は何事においても、兵法のプリンシプルに従って、合理的な技をかけながら、敵が技をかけようと思う頭を押さえ、それを無効にする。敵を、自在にコントロールできることは、兵法のマスターの証《あかし》であり、鍛錬によるものである。

「枕を押さえる」ことを、よく研究するように。

一、枕をおさふると云事　枕をおさふるとは、かしらをあげさせずと云ふ心也。兵法勝負の道に限つて、人に我身をまはされて、あとにつく事悪し。いかにもして敵を自由にまはし度《たき》事也。然るによつて、敵も左様に思ひ、我も其心あれ共、人のする事をうけがはずしては叶《かない》がたく、兵法に、敵の打所をとめ、つく所をおさへ、くむ所をもぎはなしなどする事也。枕をおさふると云ふは、我実《まこと》の道を得て、敵にかゝりあふ時、敵何事にても思ふきざしを、敵のせぬ内に見知りて、敵の打と云うつのうの字のかしらをおさへて、後をさせざる心、枕をおさふる心なり。たとへば敵のかかるといふかの字をおさへ、とぶと云との字のかしらをおさへ、きると云きの字のかしらをおさふる。皆以て同じ心也。敵我にわざをなす事に付けて、役に立ざる事を敵に任せ、役に立事をばおさへて、敵にさせぬ様にする所、兵法の専也。是も敵のする事をおさへん〳〵とする心、後手也。先《まず》我は何事にても道に任せてわざをなす内に、敵もわざをせんと思ふかしらをおさへて、何事も役に立せず、敵をこなす。敵をこなす所、是兵法の達者、鍛錬の故也。枕をおさふる事、能々吟味有べき也。

4 「渡《と》を越す」ことについて Traversing Critical Points

「渡を越す」とは、例えば、海を渡るのに、瀬戸という激流のところもあり、また160~200キロメートルほどの長い距離の海もあり、そのような難所、すなわち「渡」を越えることをいう。

人が、この世を渡るうえでも、一生の内に、「渡」を越え、乗り切らなければならないことが、多くあるだろう。

航路において、その「渡」のところを知り、船のキャパシティも分かり、日の良し悪しを意識すれば、友船は出さずとも、そのときのコンディションに応じて、あるいは、横から吹く風に頼り、あるいは、追い風を受けて帆走し、もしも、風の吹く方向が変わっても、8~12キロメートルほどであれば、風に頼らず、オールを漕いで、港に着くつもりで、船を乗りこなし、「渡を越す」のである。

その意味合いを理解して、人の世を渡るにも、必死になって、困難を乗り越えようという決心が必要である。

そして兵法では、戦いにも、「渡を越す」ことが肝要である。敵のレベルの程度に応じて、自分の能力を自覚して、その理解のもとに、「渡を越す」のは、卓越した船頭が、海路を越えるのと同じことで、「渡を越し」て、困難を乗り越えてしまえば、とりあえずセーフで、安心もできよう。

「渡を越す」とは、敵のウィークポイントを見つけ出し、自分がイニシアチブを取ることでもあり、それで大体は早く戦いに勝つことができる。

大小いずれの兵法でも、「渡を越す」ことが肝要であることを、よくよく噛み締めておくべきだ。

一、とをこすと云事　渡を越すと云は、たとへば、海を渡るに、瀬戸と云所も有、または四十里五十里と云長き海を越をも渡と云也。人間の世を渡るにも、一代の内にはとをこすと云所多かるべし。船路にして其の所を知り、船の位を知り、日なみを知りて、友船は出さずとも、其の時の位をうけ、或はひらきの風にたより、或は追風をも受、若し風替りても、二里三里はろかぢを以ても港に着を心得て船を乗とり渡を越所也。其心を得て人の世を渡るにも一大事にかけて渡を越と思ふ心有べし。兵法戦のうちにも、とをこす事肝要也。敵の位を受、我身の達者を覚え、其理を以てとをこす事、よき船頭の海路を越に同じ、渡を越ては亦《また》心安き所也。とをこすと云事、敵によわみをつけ、我身も先になりて、大形はや勝所也。大小の兵法上にも、とをこすと云ふ心肝要也、能々吟味有べし。

5 「景気」を知ること Knowing the Conditions

「景気」を見、知るとは、大きな合戦における兵法では、敵軍の勢いの盛衰、人数とマインドを知り、その場の状況をつかみ、コンディションをよく観察し、自軍がどう仕掛けるとよいかを考え、このストラテジーで確実に勝てるという自信を持ち、見通しをつけ、戦うことである。

また、一対一の小さな戦いにおける兵法においても、敵の流派を見定め、相手のキャラクターを判別し、強弱を見つけ、敵の気持ちと相容れない動きを仕掛けるなどして、その調子の波を知り、その間の拍子をよく捉え、イニシアチブを握ることが肝要である。

それぞれの「景気」というものは、自分の知力が勝っていれば、必ず見えるものである。

兵法が思いのままになる身体になると、敵の心をよく見通すことができ、勝つ道の多くが見えてくる。

工夫するように。

一、けいきを知ると云事　景気を見ると云は、大分の兵法にしては敵の栄え衰へを知り、相手の人数の心を知り、此兵法の理にて、慥《たしか》に勝と云所をのみこみて先の位を知て戦所也。又一分の兵法も敵のながれを弁《わきま》へ、相手の人柄を見かけ、人の強き弱き所を見付け、敵の気色《けしき》にちがふ事をしかけ、敵のめりかりを知り、其間の拍子を能《よく》知りて、先をしかくる所肝要なり。物事の景気と云事は、我智力強ければ、必見ゆる所也。兵法自由の身に成ては、敵の心を能計《はかり》て勝道多かるべき事也。工夫有べし。

6 「剣を踏む」ということ Trampling the Sword

「剣を踏む」ことは、兵法で、もっぱら用いることである。

まず、大勢の合戦では、敵が、弓・鉄砲を一発放ちかけ、矢玉をリロードしているうちに、こちらが突入しようと思えば、敵が弓を番《つが》え直し、鉄砲に火薬を込めて、新たに攻撃してくるので、それではとても、突入しにくい。

そこで、弓・鉄砲であっても、待たずに、敵が放っているうちに、早く、敵にかかっていくこと。

早く敵にかかれば、矢は番えがたいし、鉄砲も撃てない。

どんなことでも、敵が攻撃しかけてきたら、すぐさまそのタクティクス（戦術）を受け、踏み付け、勝つという意味である。

また、一対一の戦いでも、敵が太刀で打ちかけてきたら、その後から打ち返すようでは、ガキーン、ガキーンと競り合いになって、膠着状態になってしまう。

敵が打ち出す太刀に対しては、足で踏み付ける気迫で、打ち出し、競り勝って、敵が二度目を打てないようにするべきだ。

踏むというのは、足によってすることとは限らない。

身体でも踏み、心でも踏み、もちろん太刀によっても踏み付けて、とにかく敵が二度目の攻撃ができないよう、努めるべきである。

これがすなわち、物事のイニシアチブを握るということである。

敵の仕掛けるのと同時に、といっても、ぶつかるという意味ではなく、ただちに後にくっ付く、というような心持ちを、よく検討するように。

一、けんをふむと云事　剣をふむと云心は、兵法に専ら用る儀也。先《まず》大きなる兵法にしては、弓鉄砲に於ても、敵我方へ打かけ、何事にてもしかくる時、我は其後にかからんとするによりて、敵は更に又弓をつがひ、又鉄砲に薬をこめて打出す故、こみ入がたし。我は敵の弓鉄砲にてもはなつ内に、はやくかかる心也。早くかゝれば矢もつかひ難し、鉄砲も打得ざる心也。物毎を敵のしかくると、其儘其理を受て、敵のする事を踏て勝心也。又一分の兵法も、敵の打出す太刀のあとへ打てば、とたんとたんとなりて、はかゆかざる所也。敵の打出す太刀は、足にてふみ付る心にして、打出す所をかち、二度目を敵の打得ざる様にすべし。踏と云ふは足には限るべからず。身にてもふみ、心にてもふみ、勿論太刀にてもふみ付て、二の目を敵に能させざる様に心得べし。是則《これすなわち》物毎の先の心也。敵と一度にといひてゆきあたる心にてはなし、其儘あとに付心也、能々吟味有べし。

7 「崩れ」を知る Recognizing Collapse

「崩れ」というのは、何事にもある。

家が崩れる、身が崩れる、敵が崩れるのも、その時勢により、調子が乱され、崩れるものである。

合戦にしても、敵の崩れるタイミングを捉え、そのチャンスを逃さないよう、狩り立てることが大切である。

崩れるときの間合いを見落とせば、敵は、立ち直るだろう。

また、一対一の戦いでも、戦っているうちに、敵のリズムが乱れ、崩れが出てくる。

そこで油断すれば、敵は、また立ち直って、リセットができるから、崩れが進まなくなる。

その出てきた崩れを突き、敵に立て直しをさせないよう、しっかりと追い打つことが肝要である。

追いかけて打つには、まっすぐで強い心持ちで行う。

敵が立ち直れないよう、徹底的に叩き壊すこと。

この叩き壊すということを、よく理解しておきたい。

そうしなければ、敵が立ち直りかねないから、工夫が必要になるのである。

一、くづれを知ると云事　崩《くずれ》と云事は物事にある物也。其家のくづるゝ、敵のくづるゝ事も、時のいたりて拍子ちがひになりて、くづるゝ所也。大分の兵法にしても、敵のくづるゝ拍子を得て、其間をぬかさぬ様に追たつる事肝要也。崩るゝ所のいきをぬかしては、たてかへす所有べし。又一分の兵法にても戦ふ内に敵の拍子ちがひて、くづれ目の付もの也。其ほどを油断すれば、又たちかへり新敷《あたらしく》なりて、はかゆかざる所也。其くづれめに付、敵のかほたてなをさゞる様に慥《たしか》に追かくる所肝要也。追かくるは直に強き心也。敵たてかへさゞる様に打はなすもの也。打はなすと云事、能々分別有べし。はなれざればしたるき心有、工夫すべきもの也。

8 「敵になる」こと Becoming your Enemy

「敵になる」というのは、「敵の立場に替わって、考えてみよ」ということである。

世の中を見ると、盗みなどをやり、家の中に立てこもったような者でも、強い敵のように思いがちだ。

しかし、その敵の立場になって考えてみると、世の中の人をみな敵として、逃げ込んでいるようなもので、どうしようもない気持ちであろう。取り囲まれた者は雉《きじ》、討ち果たしに入る者は鷹《たか》、そのことを、よくよく考えてみるように。

合戦にしても、敵は強いと思い込んでは、警戒し、気後れする。しかし、自分がよい軍勢をリードし、兵法のプリンシプルをよく知り、どう敵に勝つかをよく知っていれば、心配することはない。

一対一の戦いも、敵の身になって、考えよ。兵法がよく分かって、合理的で、武芸のマスターといえる人に遭遇すると、必ず負けると思うものだということを、よくよく研究しておくこと。

一、敵になると云事　敵になると云は、我身を敵になり替て思ふべきと云所也。世の中を見るに、ぬすみなどして家の内へ取籠《とりこも》る様なるものをも、敵を強く思なすものなり。敵になりて思へば、世の中の人を皆相手とし、にげこみてせんかたなき心也。取籠るものは雉子《きじ》也、打果しに入る人は鷹也、能々工夫有べし。大きなる兵法にしても、敵と云へば強く思ひて、大事にかくるもの也。よき人数をもち、兵法の道理を能《よく》知り、敵に勝と云所を能受けては、気遣すべき道に非ず。一分の兵法も敵になりて思ふ可し。兵法能心得て、道理強く、其道達者なるものに於ては、必ず負くると思ふ所なり、能々吟味すべし。

9 「四手《よつで》をはなす」ということ Releasing the Four Hands

「四手をはなす」とはどういうことかというと、敵も、自分も、同じ心で張り合う状態になったのでは、勝負がなかなか決まらないもので、張り合いそうになれば、すぐにその考えを捨てて、ストラテジーを変え、別の手順で勝つことを知れ、というものである。

大きな合戦においても、そうした「四手」、すなわち自軍と敵軍が張り合う心境になっていれば、決着がつかず、味方の兵も損なうことになるから、そういうときには、早く考えを改め、戦略を変え、敵の思いもよらぬ方法で勝つことが大切である。

また、一対一の戦いにおいても、「四手」になったと思ったら、ただちに切り替えて、敵のありさまをつかみ、まったく異なる手段で勝つことが肝要である。

しっかりと考えるように。

一、四手をはなすと云事　四手をはなすとは、敵も我も同じ心にはり合う心になつては、戦のはかゆかざるもの也、はり合う心になると思はゞ其儘心をすてゝ、別の利にて勝事を知る也。大分の兵法にしても、四手の心にあれば、果敢《はか》ゆかず、ひとのそんする事なり、はやく心をすてゝ、敵の思はざる利にて勝事専也。亦一分の兵法にても、四手になると思はゞ、其儘心をかへて敵の位を得て、各別替りたる利を以て勝を弁《わきま》ふる事肝要也。能々分別すべし。

10 「陰を動かす」ことについて Shifting the Shadow

敵の考えが、読みとれないときに「陰を動かす」のであって、大きな合戦においても、どうしても敵の状態が把握できないとき、自分から強く攻め込むように見せ、敵の狙いを探るのである。

敵の作戦が分かれば、大きなアドバンテージを得、勝ちやすくなる。

また、一対一の戦いでも、敵が、後ろや脇に、太刀を構えたら、フェイントをかけると、敵の思っていることが、太刀に表れるものである。

敵の本心が現れ、発覚すれば、そのまま、それに応じた方法で、確実に、勝利への道を得られよう。

しかし、油断すれば、その勝機を失ってしまう。

重々検討してもらいたい。

一、かげをうごかすと云事　陰を動かすと云は、敵の心の見えわかぬ時の事なり、大分の兵法にしても、何共敵の位の見わけざる時は、我かたより強くしかくる様に見せて、敵の手だてを見る者也。手だてを見ては、各別の利にて勝事やすき所也。又一分の兵法にしても、敵うしろに太刀を構へ、脇に構へたる様なる時は、ふつと打んとすれば、敵思ふ心を太刀に顕すもの也。顕れ知るゝに於ては、其儘利をうけて、慥《たしか》に勝を知るべきもの也。油断すれば拍子はぬくる者也。能々吟味有べし。

11 「影を押さえる」とは　Arresting the Darkness

敵のほうから攻めてくる様子を感じたとき、「影を押さえる」。

大きな合戦において、敵が作戦をしかけようとすることを「押さえる」といって、自分のほうから、その作戦の利点を「押さえ」込みにかかるところをはっきり見せると、敵が、その凄さに圧倒され、ムードが変わる。

そこで、自分も考えを変え、無心となり、先手を取り、勝つ。

一対一の戦いにおいても、敵の強い戦意を、有効なタイミングで押さえ、敵の止まったタイミングに、勝機を見出し、先手で攻撃する。

くれぐれも工夫を重ねるように。

一、かげをおさふると云事　影をおさふると云は、敵のかたよりしかくる心の見えたる時の事也。大分の兵法にしては、敵のわざをせんとする所をおさふると云ひて、我方より其利をおさふる所を、敵に強く見すれば、強きにおされて、敵の心を替る事也。我も心をちかへて、空なる心より先をしかけて勝所也。一分の兵法にしても、敵のおこる強き気ざしを、利の拍子を以てやめさせ、やみたる拍子に我勝利《かつり》をうけて、先をしかくるもの也。能々工夫有べし。

12 「移らかす」ことについて Infecting

「移らかす」ことは、すべてのことに当てはまるものだ。

例えば、眠気も移り、あくびなども移るものであり、時が移る場合もある。

大きな合戦では、敵の落ち着きがなく、勝負を急いでいるように見えてきたら、少しもそれに構わないようにし、のんきに構えると、敵も、それに影響され、気持ちが弛むものである。

のんきが敵に移ったと思えば、無心となり、スピーディーでパワフルに攻撃し、勝利を得る。

一対一の戦いでも、自分の身も心も、気持ちよく構え、敵の弛んだ瞬間を捉え、パワフルでスピーディーに、先に攻撃すると、たいていは勝てる。

また、「酔わせる」といって、これに似た勝つ方法があり、その一つは退屈する気持ち、一つは落ち着きのない心持ち、もう一つは弱気の心にさせることなのだが、よく工夫してみるべきだろう。

一、うつらかすと云事　移らかすと云は、物毎に有もの也。或はねむりなども移り、或はあくびなどのうつるもの也、時のうつるも有。大分の兵法にして、敵うはきにして、ことをいそぐ心の見ゆる時は少しも夫にかまはざる様にして、いかにもゆるりとなりて見すれば、敵も我気に受て、きざしたるむ物なり。其うつりたると思ふ時、我方より空の心にして、はやく強くしかけて、勝利を得るもの也。一分の兵法にしても、我身も心もゆるりとして、敵のたるみの間をうけて、強くはやく先にしかけて勝所専也。亦よわりと云て、是に似たる事有、一ッはたいくつの心、一ッはうかつく心、一ッはよわくなる心、能々工夫あるべし。

13「むかつかせる」ことについて Eliciting Agitation

「むかつかせる」といって、心のバランスを崩させることとは、何事にも当てはまる。

一つは、「危険と思わせること」、二つは「無理と思わせること」、三つは「思いもよらないこと」を仕掛けることであり、よく研究するように。

大勢の合戦においては、敵にムカッと腹を立たせることが肝要であり、敵が予期できないときに、攻め、心が決しないうちに、そのアドバンテージを活かし、先に攻撃し、勝つことが大切であって、また、一対一の戦いにしても、初めは、ゆったりと見せかけ、突然激しくかかり、敵の心の動揺に応じて、息を抜かず、そのままアドバンテージを活かし、確実に勝つことが大切である。

これらは重々検討すべきことである。

一、むかつかすると云事　むかつかすると云は、物毎に有。一ッにきはどき心、二ッにはむりなる心、三ッには思はざる心、能《よく》吟味あるべし。大分の兵法にしても、敵の心をむかつかする事肝要なり、敵の思はざる所へ、しかけて、敵の心きはまらざる内に、我利を以つて先をしかけて勝事肝要なり、又一分の兵法にしても、はじめゆるりと見せて、俄に強くかゝり、敵の心のめりかり、働くにしたがひ、いきをぬかさず、其儘利をうけて、勝を弁《わきま》ふる事肝要也。能々吟味あるべき也。

14「おびやかす」こと
Invoking Fear

「おびえる」ことは、すべてにおいて、よくある。思いもよらないことに、人はおびえるものである。

大きな合戦の場合にも、敵をおびやかすことは、目に見えることだけではなく、あるいは、鳴り物などの「声（音）」でおびやかし、あるいは、小さなものを大きく見せておびやかし、また、脇から不意を突き、おびやかすことで、敵はおびえるのだ。

おびえるその具合を捉え、そのアドバンテージにより、勝つのである。

一対一の戦いでも、身体で、太刀で、声でおびやかし、敵の思いもよらないことを仕掛け、相手がおびえることで得られるアドバンテージを活かし、そのまま勝利を得ることが大切であり、しっかりと検討してもらいたい。

一、おびやかすと云事 おびゆると云ふ事、物毎に有事也。思ひよらぬ事におびゆる心也。大分の兵法にしても敵をおびやかす事、眼前の事のみに非ず、或は物の声にてもおびやかし、或は小を大にしておびやかし、又かたわきより不斗《ふと》おびやかす事、是おびゆる所也。其おびゆる拍子を得て、其利を以て勝つべし。一分の兵法にしても、身を以ておびやかし、太刀を以ておびやかし、声を以ておびやかし、敵の心になき事をしかけて、おびゆる所の利を受て、其儘勝を得る事肝要なり、能々吟味有べし。

15 「まぶれる」ことについて Blending

「まぶれる」というが、敵が自分の間近になってから、お互いに激しく攻撃し合っても、決着がつかないと思ったら、そのままブレンドするように、敵と一つにくっ付き、絡み合っている間に、有益な方法で勝つことが大切である。

大きな合戦も、一対一の戦いも、敵側と自分側が対峙し、決着がつかない場合、そのまま敵に「まぶれる」ようにし、くっ付いてから、敵と味方の区別がつかないほどの混戦状態にして、その中から、勝機を見出し、確実に勝利を得ることが大事である。

くれぐれも研究を欠かさないように。

一、まぶるゝと云事　まぶるゝと云は、敵我手近くなつて、互《たがい》に強くはりあひて、果敢《はか》ゆかざると見れば、其儘敵と一ッにまぶれあひて、まぶれあひたる其内に、利を以て勝事肝要也。大分小分の兵法にも、敵味方互に心はりあひて、勝負付かざる時は、其儘敵にまぶれて互にわけなくなる様にして、其内の徳を得、其内の勝を知りて、強く勝事専也。能々吟味有べし。

16「角《かど》に触る」ということ Hitting the Corners

「角に触る」のは、何事も強いものを押すのに、そのままストレートにプッシュするのが難しいからだ。

合戦においても、敵の人数を見、張出しが強いところの「角」を攻め、傷つけて、アドバンテージを獲得することで、その「角」が衰えるに従い、全体の勢いが衰えることになるから、その衰えていくプロセスの中で、角々をマークして、勝利を得ていくことが大切である。

一対一の戦いでも、敵の身体の一部に、ダメージを与えて、身体全体が少しでも弱くなり、崩れるようになると、勝ちやすい。

このことを重々検討し、勝つポイントをよく知ることが大事である。

一、かどにさはると云事　角にさはると云は、物事強き物をおすに、其儘直《すぐ》におしこみがたきもの也。大分の兵法にしても、敵の人数を見て、はり出強き所の角にあたりて、其利を得べし、角のめるに随ひ、総てもみなめる心有、其める内にもかどかどに心得て、勝利《かつり》を受る事肝要也。一分の兵法にしても、敵の体の角にいたみをつけ、其体少しにてもよわくなり、くづるゝ体になりては、勝事やすきもの也。此事能々吟味して、勝所を弁《わきま》ふる事専也。

17「うろたえさせる」こと Causing Confusion

「うろたえさせる」というのは、敵に、しっかりとした心を持たせないようにすることである。

合戦でも、戦場で、敵の心理状態を推し量り、自らの兵法の才覚によって、敵の心を、そこかここか、ああかこうか、遅いか早いか、と混乱させ、敵がパニック状態になっているタイミングを捉え、確実に勝つポイントを把握するのである。

また、一対一の戦いでも、こちらから、臨機応変に色々な技を仕掛け、あるいは、打つか突くかと見せかけ、または、敵の懐に組み付くように思わせ、敵が混乱した気配を得て、思いのままに勝つことが、戦いでは第一である。

しっかりと勉強してもらいたい。

一、うろめかすと云事　うろめかすと云は、敵に慥《たしか》なる心をもたせざる様にする所也。大分の兵法にしても、戦の場に於て敵の心を計り、我兵法の智力を以て、敵の心をそこゝとなし、とのかうのと思はせ、おそしはやしと思はせ、敵うろめく心になる拍子を得て、敵に勝所を弁《わきま》ふる事なり、又一分の兵法にして、時にあたりて色々のわざをしかけ、或は打と見せ、或はつくと見せ、又は入り込むと思はせ、敵のうろめく気ざしを得て、自由に勝所、是戦の専也。能々吟味有べし。

18 「三つの声」とは The Three Cries

「三つの声」というが、声をかけるのに、勝負の初・中・後と、時や場面により、三つに分けることが大事である。

声は勢いなので、自分の勢力を見せるために、火事などの際でも、風や波の中でも声をかける。

大きな合戦でも、戦いの初めにかける声は、できる限り、ボリュームを上げて大きくかけ、戦闘中の声は、トーンを低くし、腹の底から発声し、勝った後には、大きく強く声をかける。

これが「三つの声」であり、一対一の戦いでも、敵を動かすために、打つと見せ、初《しょ》っ端《ぱな》に「えい！」と発声し、声の後から、太刀を打ち出すのである。

また、敵を打って、後から発声するのは、勝利を知らせる声であり、これを「先《せん》後の声《ご》」という。

太刀を打ち出すのと同時に、大きな声をかけることはない。

もし、戦闘中に声をかけるとすれば、勢いを増すための声を、低くかけるのである。

よく考えてみるように。

一、三ッの声と云事　三ッの声とは、初中後の声と云て、三ッにかけ分る事也。所により声をかけると云事専也。声はいきほひなるによつて、火事などにもかけ、風波にもかけ、声は勢力を見するもの也。大分の兵法にしても、戦の初めにかくる声は、いかほどもかさをかけて声をかけ、又戦ふ間の声は、調子をひきく、底より出る声にてかゝり、勝て後、あとに大きに強くかくる。是三ッの声なり、又一分の兵法にしても、敵をうごかさん為打と見せて頭よりえいと声をかけ、声の跡より太刀を打出すもの也。亦敵を打て跡に声をかくる事、勝を知らする声也、是を先後の声と云。太刀と一度に大きに声をかくる事なし。若戦の内にかくるは、拍子にのる声、ひきくかくる也。能々吟味あるべし。

19「紛れる」ということ Mixing In

「紛れる」というのは、合戦で、軍勢がお互いに対抗し、戦いが激しいときは「紛れる」といって、敵の一方へ打ちかかることであり、そこが崩れたと見るなら、それはそのままにして、さらに強いところへ、強いところへと攻め、まるでジグザグの坂道のように、攻めかかっていく心持ちのことで、一人の戦いも、大勢の敵を相手にするときも、たいていはこの攻め方になる。

敵の一方だけに勝ち抜くだけでなく、さらに強いほうへとかかり、敵の動きのパターンを把握し、リズミカルに、左へ右へと、ジグザグの坂道のように攻め込むことを考え、敵のコンディションを推測し、かかっていくのである。

その敵の状態を見、思い切り打ち込んでいくうえでは、少しも退く気持ちを持たず、強く打ち込み、勝利を得る。

一人で敵の懐に入り込むときも、敵が強ければまさにその気持ちで攻め崩す。

「紛れる」ということは、一歩も退かず、入り混じっていくという気持ちであり、そのことをよく理解しておくように。

一、まぎるゝと云事　まぎるゝと云は、大分の戦にしては、人数を互にたて合、戦の強き時、まぎるゝと云て、敵の一方へかゝり、敵くづるゝを見ば、すてゝ又強き方へかゝる、大形つゞらをりにかゝる心なり、一分の兵法にして、敵を大勢よするも此心専也。一方を追くづしては又一方強き方へかゝり、敵の拍子を得てよき拍子に左右とつゞらをりの心におもひて、敵の色を見合て、かゝるもの也。其敵の位を得、打とほるに於ては、少も引心なく、強くかつ利也。一分入身《いりみ》の時も、敵の強きには其の心あり、まぎるゝと云事、一足も引事をしらず。まぎれゆくと云心、能々分別すべし。

20　「拉《ひし》ぐ」ということ　Crushing

「拉ぐ」には、できることなら、敵を弱くみなし、自分が強いと思って、押し潰すという心持ちが大事である。

合戦にあって、敵が少人数の状態をあなどっているなら、または大勢でも、敵がうろたえて弱みを見せているなら、「拉ぐ」といって、最初から、プレッシャーをかけて、押し潰そうとしても、潰し方が物足らないと、敵が勢いを盛り返すことがあり、手中に握って、押し潰す気持ちを、よく理解するように。

また、一対一の戦いのときも、自分より劣った者、また敵が調子を乱したり逃げ腰のときは、少しも息をつかせず、目を見合わせないようにし、ただちに押し潰すことがポイントになる。

少しも立ち直らせないことが重要なので、くれぐれも研究するように。

一、ひしぐと云事　ひしぐと云は、縦《たとえ》ば敵をよわく見なして、我つよめになつて、ひしぐと云心専也。大分の兵法にしても、敵に人数の位《くら》ゐを見こなされ、又は大勢なりとも、敵うろめきてよわみつく所なれば、ひしぐと云て、かしらよりかさをかけて、ひしぐ心なり、ひしぐ事よわければ、もりかへす事有、手の内ににぎつてひしぐ心、能々分別すべし。又一分の兵法の時も、我手に不足のもの、又は敵の拍子ちがひ、すさりめになる時、少もいきをくれず、目を見合ざる様になし、真直にひしぎつくる事肝要也。少しもおきたてさせぬ所、大切也、能々吟味有べし。

21 「山海《さんかい》の替わり」とは

The Mountain-Sea Alternation

「山海の替わり」というその心とは、戦っているうちに、同じことを度々するのは悪い、ということであり、同じことを二回やるのは仕方がないかもしれないが、絶対に、三回やってはならない。

敵に技を仕掛けるのに、一度目でダメなら、もう一度攻め立て、仕掛けるにもかかわらず、それでも効果が出ないようであれば、まったく別の手段で、不意に仕掛け、それでも決着がつかない場合は、さらに違う技を仕掛ける。

そのようにして、敵が「山《さん》」と思えば、「海《かい》」と仕掛け、「海」と思えば、「山」と仕掛ける心づもりが、兵法の道であり、これは心して研究すべきことである。

一、さんかいのかわりと云事　山海の心と云は、戦ふ内に同じ事を度々する事悪き所なり、同じ事二度は是非に及ばず、三度するは甚悪し。敵にわざをしかくるに、一度にてならずば、今一つもせきかけて、其利に及ばず、各別替りたる事をほつとしかけ、それにもはかゆかずば、又各別の事をしかくべし。然るによつて、敵山と思はゞ、海としかけ、海と思はゞ、山としかくる心、兵法の道なり、能々吟味有るべき事也。

22 「底を抜く」こと Knocking the Bottom Out

「底を抜く」というが、それは、敵と戦って、戦法により勝ったと見えても、敵の戦気までは滅し尽くせなかったため、外見上は負けていても、心の底までは、すなわち完全には敗れていないということがある。

その場合、すぐに気持ちを切り替え、敵の戦意やファイトを削《そ》ぎ、敵が心の底から負けたという気持ちになるところを見届けることが大事であり、これが「底を抜く」である。

この「底を抜く」というのは、太刀でも、身体でも、心でも、そうなることがあるのであり、簡単には理解できない。

敵が心底から崩れてしまえば、警戒心を残す、すなわち「残心《ざんしん》」は必要ないが、そうでないときには、不可欠である。

敵に戦意が残っていれば、完全には、崩しにくいものである。

合戦や、一対一の戦いにおいて、「底を抜く」ということを、事あるごとに磨き上げておくように。

一、そこをぬくと云事　底を抜くと云は、敵と戦ふに、其道の理を以て、上は勝と見ゆれ共、心をたへさゞるによつて、上にてはまけ、下の心はまけぬ事有。其儀に於ては、我俄に替りたる心になつて、敵の心をたやし、底よりまくる心に敵のなる所、見る事専也。此底を抜く事、太刀にても抜、又身にてもぬき、心にてもぬく所有、一道には弁《わきま》へべからず。底より崩れたるは我心残すに及ばず、さなき時は残す心也。残す心あれば敵くづれがたき事也。大分小分の兵法にしても、底をぬく所、能々鍛錬有べし。

［注］ここで武蔵がいう「残す心」は、現代武道における「残心」と何ら変わるものではない。「残心」は今も重要な概念である。技を決めた後も心身ともに油断をしない。たとえ相手が完全に戦闘力を失ったかのように見えても予想外の反撃にただちに対応できる身構えと気構えである。

23 「新たになる」ということ Starting Anew

「新たになる」というのは、戦っているうちに、もつれる状態になって、決着がつかないとき、それまでの自分の気持ちを振り捨て、物事を新しく始める心持ちになるが、その新たなリズムをつくり出し、勝つ方法を知ることである。

新たになるとは、いつでも、敵と自分が競り合う状態になったと思ったら、ただちに、それまでの気持ちを捨てて、まったく別の手段で勝つことでもある。

合戦においても、「新たになる」というシチュエーションを見分けることが、大事である。

兵法により得られる智力をもってすれば、この理解はすぐにできるものである。

しっかりと検討するように。

一、あらたになると云事　新たになるとは、敵と戦ふ時、もつるゝ心になつて、はかゆかざる時、我気を振捨て、物毎をあたらしくはじむる心に思ひて、其の拍子を受て勝を弁《わきま》ふる所なり。新になる事は、何時も、敵と我きしむ心になると思はゞ、其儘心を替て、各別の利を以て勝べき也。大分の兵法に於ても、新たになると云所、弁ふる事肝要也。兵法の智力にては、忽《たちま》ち見ゆる所也。能々吟味有べし。

24 「鼠頭午首《そとうごしゅ》」とは Rat Head Ox Neck

「鼠頭午首」というが、それは、敵と戦っているうちに、お互いに細かなことにこだわり合って、もつれるようになったら、兵法の道では、いつも小さな「鼠の頭」から、大きな「午《うま》（馬）の首」に、突如として切り替え、大と小をチェンジすることだが、これは、兵法にある一つの心がけであって、普段、「鼠頭午首」を心得ておくのは、武士にとって大切なことであろう。合戦や、一対一の戦いでも、このマインドから離れてしまうようではいけないから、常に考えておくべきである。

一、そとうごしゆと云事　鼠頭午首と云ふは、敵と戦ふうちに、互にこまかなる所を思ひ合て、もつるゝ心になる時、兵法の道を常に鼠頭午首〳〵と思ひて、いかにもこまかなる内に、俄に大きなる心にして、大を小にかへる事、兵法一ッの心だてなり、平生人の心も鼠頭午首と思ふべき所、武士の肝心也。兵法大分小分にしても、此心をはなるべからず、此事能々吟味有るべきもの也。

［注］ここでは「午（馬）」としたが、他写本では「牛」とするものもある。いずれにせよ、鼠と対照的な大きな動物であることに変わりはない。

25「将は卒を知る」ということ The General Knows His Troops

「将は卒を知る」というが、それは、どの戦いでも、二天一流は、常にこの方法を行い、兵法より得られる智力をもって、敵がみな、自分の部下だと考え、思いのままに動かすのだと心得、自由自在に引き回すのだとも思って、自分が大将で、敵が兵卒と考えることである。

工夫して身に付けるように。

一、しやうそつをしる事 将卒を知るとは、いづれも戦に及ぶ時、わが思ふ道に至ては、たえず此法を行ひ、兵法の智力を得て、我敵たるものをば、皆我卒なりと思ひとつて、なしたき様になすべしと心得、敵を自由にまはさんと思ふ所、我は将也、敵は卒也。工夫有べし。

26「柄《つか》を放す」とは Releasing the Hilt

「柄を放す」ということには、色々な意味がある。

無刀で勝つ意味もあり、太刀を持っても勝利を得ない意味もある。様々に思い浮かぶのだが、書き付けることはできないので、鍛錬を重ねてもらいたい。

一、つかをはなすと云事　束《つか》をはなすと云は、色々心有事也。無刀にて勝心有、又太刀にて勝たざる心有。さま〴〵心の行く所、書付る能《あた》はず、能々鍛錬すべし。

27「巌《いわお》の身」について

About "The Body of a Boulder"

「巌の身」というのは、兵法を体得し、すぐさま巌のようになって、どんな攻撃でも無効にするほど動かない、ということであり、口伝する。

一、いはをの身と云事　岩尾の身と云事、兵法を得道して、忽ち岩石の如くに成て、万事あたらざる所、うごかざる所、口伝。

結 Summary

右に書き付けたところは、二天一流の剣術を行う場合、絶えず考えていることのみを書き表しておいたものである。

今、初めて兵法のセオリーを書き記したものであるため、内容は、前後、ゴチャゴチャと混じっていて、こまごまと表現するのは難しいが、この道を修行するという人のためには、心の道しるべとも、ガイドブックともなるだろう。

自分は若い頃から兵法の道に励み、剣術オンリーで、腕を上げ、身体を鍛え、様々なことをイメージ・考案してきたが、そのうえで他流派も研究してみると、口先で屁理屈をいう、あるいは小手先で細かな技を使うといったことで、人によいように見せるものなどがあって、どれも真のマインドに通じるものではない。

もちろん、そのような修行をしても、身体の使い方を習い、ハートを練り上げていくことになると思うが、みな、悪い癖を覚え、後々までも、その悪癖が消えず、兵法の本来の道が世に朽ち果て、道の廃れる原因となり得る。

剣術の実《まこと》の道を習得し、敵と戦い、勝つことにおいて、この定めは、少しも変わるものではない。
二天一流の兵法から得られる智力をもって、まっすぐな正しい道を修行することで、勝つことはもはや疑いなきものになる。

右書付る所、一流剣術の場にして、たえず思ひよる事のみ云顕し置もの也。今初めて此利を書記す物なれば、あとさきと書まぎるゝ心有て、こまやかに云わけ難し、乍去《さりながら》、此道を学ぶべき人の為には、心しるしになるべきもの也。我若年より以来《このかた》、兵法の道に心をかけて、剣術一通の事にも手をからし身をからし、色々様々の心に成り、他の流々を尋見るに、或は口にて、いひかこつけ、或は手にて、こまかなるわざをし、人目によき様に見すると云ても、一ッも実の心に有べからず。勿論かやうの事しならひても、身をきかせならひ、心をきかせつくる事と思へ共、皆是道のやまひとなりて、後々までもうせがたくして、兵法の直道《じきどう》、世にくちて道のすたる基《もとい》也。剣術、実の道になつて、敵と戦ひ、勝事、此法 聊《いささか》 替事有べからず。我兵法の智力を得て、直なる所を行ふに於ては、勝ことうたがひ有べからざるもの也。

正保二年五月十二日　新免　武　蔵
寺尾孫之丞殿

寛文七年二月五日　寺尾夢世勝延（花押）
山本源介殿

解説 武蔵が説くのは「情報→コントロール→勝利」

「風林火山」の「侵掠《しんりゃく》すること火の如く」のように、「火」は合戦のことを指す。「火」の巻では、武蔵は実戦について述べている。例えば、敵よりも優位に立つための位置取りについて実践的な解説をしている。

戦いをコントロールするための「三つの先」、敵が攻撃を仕掛ける前に敵の動きを読んでその芽を摘む方法などを紹介している。また、心と身体で敵に打ち勝つための様々な心理戦術を取り上げている。

敵軍を自分の部隊と考え、自由自在にコントロールすること。また、敵の精神的な亀裂を見極める方法も教え、効果がないのに同じ戦術に頼ったり、効かない作戦をしつこくしないようにも警告している。

この巻から得られる最も重要なメッセージの一つは、「情報→コントロール→勝利」ということである。情報を持っていること、そしてその情報をどう解釈するかを知ることで、正しい戦術・戦略を適用し、勢いを増すことができる。勝つためには、何よりもまず情報が必要であり、そこで問題になるのは、まず何がフェイクニュースで、何が本物の情報なのかを区別することであろう。

私はニュージーランド出身でありながら、ラグビーをしたことがない。けれども、二〇一九年に日本で開催されたラグビーのワールドカップで、「一生に一度」の経験であろうウェールズ代表チームのチームリエゾン（マネジャー補佐）を担当した。ウェールズチームが日本に到着してから、三位決定戦でオールブラックスに敗れて退場するまで、二十四時間態勢でチームと一緒にいた。

そこで分かったのは、ラグビーは僅差のスポーツということである。剣道とラグビーには、精神面、戦略・戦術、リズム、さらには絶対的な信念を持って技術を実践するという点で、多くの共通点があることにも気付いた。

ラグビーは、八十分という長い時間の中で行われる競技だが、プレースタイルや個々の戦術のちょっとした工夫が結果に大きく影響する。そのために、選手やコーチだけでなく、アナリティクスチームも小さなデータを集め、意思決定に役立てようと努力していることに驚いた。また、ビッグデータをもとに、自らのチームや対戦相手の傾向を把握しているのも、興味深かった。アナリストたちはほとんど寝ていない印象を受けた。

すべてのトップスポーツにおいて、テクノロジーやデータ管理プロセスの進歩は、個人やチームのパフォーマンスを、より向上させることにつながっている。ラグビーも例外ではない。コーチやその他のスタッフは、スタンドで様々なコンピュータやテクノロジーを使って、試合のあらゆる側面を驚くほど詳細にモニターしている。様々なカメラアングルやデータ、分析結果をその場で見ることができ、瞬時に判断を下したり、試合後の反省会を行ったりする。

収集されたデータの利用方法は、基本的な視覚化から、より多くの情報にもとづいた推奨事項を提供し、起こり得る結果を予測する、より複雑な規定的アプローチへと進化している。

この変化を後押ししているのが、データや分析の知識を深めてラグビー界に入ってきた新世代のスポーツ科学者やパフォーマンスアナリストたちなのだが、チームや個人のパフォーマンスをあらゆる角度から分析するだけでなく、次の対戦相手の長所と短所を検出し、コーチングスタッフがゲームプラン（戦略）に活用することを目指している。

例えば、相手のキープレーヤーのキックゲーム（キックの種類、タイミング、フィールドのどの部分から蹴るか、どのくらいの距離を蹴るか）や、相手のランニングゲームのキープレーヤーの特定、そしてもちろんそのチームの特徴や戦略や戦術など、非常に詳細な分析を行う。色々な情報を持って戦い、勝つ確率を上げるのである。

この巻の前後（水と風の巻）で示されている武蔵の「観見」、そして「目付」に関する考え方も、ラグビーだけでなく、すべてのスポーツに非常に関係がある。それは、目から多くの情報を得ているからである。

遠くのものを近くに、近くのものを遠くに見ることで、物事の本質を見極めることができるのではないだろうか。

アメリカンフットボールの攻撃側の司令塔であるクォーターバックの役割を考えてこそ、武蔵のいう「目付」の意味がよく分かると思う。優れたクォーターバックは、いうまでもなく、強力なスローイングアームがなければならない。しかし、腕が強いだけでは成功は保証されない。クォーターバックは、味方や敵選手の走るスピードや距離を正確に測る必要があり、そこには視覚的スキルが不可欠である。周りのすべての人や物を意識し、すべての選手の正確な位置や動きの経路を理解する必要がある。

パスプレーでは、クォーターバックがボールを持って後ろに下がる。最大五人のレシーバーの中からボールを投げる相手を一瞬で選ばなければならず、その際、三人から十一人の敵側のディフェンス選手が彼を潰しにかかり、プレッシャーをかけて間違った判断をさせようとする。

素早く動くワイドレシーバーを追いかけるには、集中力や目線を素早く正確に移動させる能力が求められる。レシーバーが自分の判断よりも近かったり遠かったりすると、パスは成功しない。クォーターバックがボールを持っているときは、相手のすべての選手の目が彼に向いているが、クォーターバックにとって最も危険なのは、視野の端にいる見えない相手の選手である。

強力な周辺視野により、クォーターバックは、自分のチームメイトだけでなく、いつでもディフェンダーの位置を確認することができる。

襲い掛かる近くの敵を遠くに見、遠くのボールを待つ味方のレシーバーを近くに見る。それができるかどうかは、チームにとって、生死をかけた問題となる。

風の巻

Wind Scroll

序　他流派の「風」を知る

Tilting at Windmills

兵法における他流の道を知ること。

他の兵法の流派のことを書き付け、「風」の巻として、この巻に書き表すところである。

他流の道を知らなくては、二天一流を確実に心得ることができないから、他流の兵法を調べてみると、大きな太刀を使ってパワーを大事にし、その得意技だけを行う流派もある。

あるいは、「小太刀《こだち》」といって、短い太刀を持って修行する流派もあり、あるいは、剣術の形《かた》を多く考案して、太刀の構えをもって流派の「入り口」である

「表《おもて》」などといい、また「奥義」のつもりで「奥」などといって、その技巧を伝える流派もあるが、これらはすべて、兵法の実《まこと》の道ではなく、この巻の中に、明確に書き表し、他流派の是非善悪を明らかにしたい。

二天一流の兵法のプリンシプルには、格別な意味があるのだ。

他の流派では、兵法を技芸の一つとして、生計を立てる手段とし、色を付け、華やかな技を飾る売り物にしているため、実の道ではなくなっているのだろう。

また、世の中の兵法は、剣術だけに限って考え、太刀の振り方を習い、身体の動きを覚え、技術的に上達することで、勝利を見つけようとしているようだが、どれもきちんとした道ではない。

他流派の不足点を、一つひとつ、この巻に書き表すものである。

よく吟味し、二天一流のプリンシプルをわきまえるようにしてもらいたい。

兵法他流の道を知る事。他の兵法の流々を書付、風の巻として此巻に顕す所也。他流の道を知らずしては、我一流の道、慥《たしか》に弁《わきま》へ難く、他の兵法を尋見るに、大きなる太刀をとつて、強き事を専らにして、其わざをなすなかれも有。或は小太刀と云ひて、短き太刀を以て、道を勤るなかれも有、或は太刀かず多くたくみ、太刀の構を以て、おもてと云ひ、奥として道をつたふる流も有、是皆実の道に非《あらざ》る事、此巻の奥に慥に書顕し、善悪理非を知らする也。我一流の道理、各別の儀也。他の流は芸にわたつて、身すぎの為にして色をかざり、花をさかせ、うりものにこしらへたるによつて、実の道に非る事歟《か》。亦世の中の兵法剣術計《ばかり》にちひさく見たてゝ、太刀をふり習ひ、身をきかせて、手のかるゝ所を以て、勝事を弁《わきま》へたるものか、何れも慥《たしか》なる道に非ず。他流不足成所、一々此書に書顕す也。能々吟味して、二刀一流の利を弁ふべきもの也。

1　大きな太刀を持つ他流派

Schools Employing Extra-Long Swords

他流には、大きな太刀を好む流派がある。

二天一流からすれば、これは、弱い流派と見る。

なぜなら、このような流派では、どうにかしてでも人に勝つというプリンシプルを知らず、太刀の長さをアドバンテージとし、敵に遠いところから勝ちたいと思うために、長い太刀を好むからである。

世間でいう「一寸《いっすん》手《て》勝《まさ》り」は、兵法を知らない者が発言することである。

そのためそのような流派は、兵法のプリンシプルに則したものではなく、長い武器を利用し、遠くから勝とうとするのは、心の弱い証であり、弱い流派として判断できるのである。

もし、敵に接近して組み合うときには、太刀が長いほど打つこともできず、振り回すスペースもなく、太刀が荷となって、短い脇差を利用する人や、素手で戦う人にも劣るものである。

長い太刀を好む人には、それなりの言い分はあるだろうが、それは、その人だけの理屈なのである。

世の中の実《まこと》の道というスタンスから見れば、それはプリンシプルに欠けている。

そういう人は、長い太刀を持たず、短い太刀で決闘すれば、必ず負けるのではないか。

あるいは、戦う場所によって、上・下・脇などの詰まったところ、あるいは脇差しか許されていない座の場合に、長い太刀を好む気持ちは、兵法を疑うことになって、悪いことである。

人によっては、力弱く、その身体から長い太刀を差すことができない人もいるが、昔から「大は小を叶える」というから、わけもなく、長い太刀そのものを嫌うのでなく、「長いものでなければ」とこだわる気持ちを嫌うべきである。
合戦では、長い太刀は多人数で、短い太刀イコール少人数である。
少人数は、多人数と、合戦で対峙できないものだろうか。
少人数が、多人数に勝つ例は、たくさんあるではないか。
二天一流では、偏った心、狭い考えを嫌うのである。
重々検討しておくように。

一、他流に大きなる太刀を持事　他に大きなる太刀をこのむ流有。我兵法よりして、是をよわき流と見立る也。其故《ゆえ》は、他の兵法いかさまにも、人に勝と云理を知らずして、太刀の長きを徳として、敵相遠き所より勝度《かちたき》と思ふによつて、長き太刀このむ心有べし。世の中にいふ一寸手まさりとて、兵法知らぬもの ゝ沙汰也。然るによつて、兵法の利なくして、長きを以て遠く勝んとする、それは心のよわき故なるによつて、よわき兵法と見立る也。若《もし》敵相近く組合ほどの時は、太刀長き程打事もきかず、太刀のもとをりすくなく、太刀を荷にして、小脇差、手振の人に劣るもの也。長き太刀好む身にしては、其云わけは有ものなれども、夫は其身ひとりの理也。世の中の実の道より見る時は、道理なき事也。長き太刀もたずして、短き太刀にては必《かならず》まくべき事歟《か》。或は其場により、うへしたわきなどのつまりたる所、或は脇差計の坐にても、長きをこのむ心、兵法のうたがひとて、あしき心也。人により小刀なるもの有、其の身により長刀差す事ならざる身も有、昔より大は小をかなへると云へば、むざと長きをきらふには非ず、長きとかたよる心を嫌ふ儀也。大分の兵法にして、長太刀は大人数也、短きは小人数也。小人数と大人数にて合戦はなるまじきものか。小人数にて大人数に勝たる例《ためし》多し。我一流に於て左やうにかたつきせまき心嫌ふ事也。能々吟味有べし。

2 他流派における強い太刀について Schools That Use Swords with Force

力任せの「強い太刀」と、無力の「弱い太刀」ということがあってはならない。

力任せに振る太刀は、荒いものとなる。

おおざっぱな太刀では、勝てない。

また、強い太刀といって、人を斬るときに、無理に斬ろうとすると、逆に斬れないものである。

試し斬りなどの場合にも、それは、よくない。

誰でも、敵と斬り合いになれば、「弱く斬ろう」とか「強く斬ろう」などと考える者は、いない。

ただ、人を斬り殺そうと思うときは、強い気持ちでもなければ、もちろん弱い気持ちでもなく、敵が死ぬほどの強度で、と思うだけである。

あるいは、もしも強い太刀で、敵の太刀を猛烈に叩き、張り過ぎてしまうと、必ず悪い結果となる。

それゆえ、「強い太刀」などということはあり得ないのである。

合戦でも、強い軍勢を持って、戦いに圧勝しようと思えば、敵も、強い軍勢をそろえ、激しく戦おうと考える。

それは、どちらも同じであろう。

何事でも勝とうとするなら、プリンシプルなくして勝つことはできないのであり、二天一流の兵法とは、少しも無理なことを考えず、兵法がもたらす智力によって、いかようにも勝つ方法を得る道なのである。

この修行に励み、勤しむように。

一、他流に於てつよみの太刀と云事　太刀につよき太刀、よわき太刀と云事は有べからず。つよき心にてふる太刀はあらきもの也。あらき計《ばかり》にては勝がたし。又つよき太刀と云て人をきる時にして、むりにきらんとすれば、きれざるもの也。ためしものなどをきる心にも、つよくきらんとする事あしゝ。誰に於ても、かたきときり合ふに、よわくきらんつよくきらんと思ふものなし、誰人をきりころさんと思ふ時は、つよき心もあらず、勿論よわき心にもあらず、敵のしぬる程と思ふ儀也。若《もし》はつよみの太刀にて、人の太刀つよくはれば、はりあまりて必あしき心也。然るによつて、つよみの太刀などゝ云事なき事也。大分の兵法としても、つよき人数を持、合戦に於てつよくかたんと思へば、敵もつよき人を持、戦もつよくせんと思ふ。それはいづれも同じ事也。物毎に勝と云事、道理なくして勝事あたはず、我道に於ては、少も無理なる事を思はず、兵法の智力を以て、如何様にも勝所を得る心也。能々工夫有べし。

3 短い太刀を使う他流派 Schools that Use Short Swords

短い太刀だけで勝とうと思うのは、実《まこと》の道ではない。

昔から、太刀・刀というのは、長いもの・短いものを表している。世の中のパワフルな人は、大きな太刀でも軽く振るので、無理に短いものを好むことはない。

それは、長いものを利用するときは、槍・長刀を用いるのと同じだからである。

短い太刀を持ち、敵の振る太刀とのギャップを狙って、斬ろう、飛び込もう、などと思うのは、偏っていて悪いし、隙間を狙うことは、万事が後手となるように見えるし、もつれる状態になることも、嫌うことである。

または、短いもので、敵の近くに入り込もう、捕まえようとすることは、大勢の敵の中では、役に立たないことである。

短い太刀で、兵法を会得した者は、大勢の敵を斬り払おう、自由に飛び回ろうと思っても、みな、受け太刀というディフェンスの体勢になり、混乱状態となるので、確かな方法ではない。

二天一流は、同じことならば、自分は強くまっすぐにし、敵を追い回し、敵に飛び跳ねさせ、敵がうろたえるように仕掛け、確実に勝つことが、第一にする道である。

合戦においても、同じ理路（リーズン）であり、どうせやるなら、大軍勢で敵をただちに攻め潰すのが、兵法の大切なことである。

世の中の人々は、兵法を習うのに、平常から受けたり、躱《かわ》したり、抜けたり、潜ったりなどしているので、心がそのパターンに引きずられて、敵に引き回されてしまう危険がある。

兵法の道は、まっすぐで正しいものであるから、合理的に敵を追い回し、従わせようとすることが大切なのであり、そのことをよく検討したい。

一、他流に短き太刀を用ふる事　短き太刀計《ばかり》にて、勝んと思ふ所、実の道に非ず。昔より太刀かたなと云て、長きと短きと云ふ事を顕し置也。世の中に強力なる者は、大きなる太刀をもかろく振なれば、むりに短きを好む可にあらず。其故は、長きを好みて、鑓長太刀をも持物也。短き太刀を以て人の振《ふる》太刀の透間をきらん、飛《とび》いらん、つかまんなどゝ思ふ心、かたつきて悪し、又すきまをねらふ所、万事後手に見え、もつるゝと云心有て嫌《きらう》事也。若《もし》は短き物にて、敵へ入込まんとする事、大敵の中にて役に立ざる心也。短きにして得たる者は、大勢をもきりはらはん、自由に飛ばん、くるはんと思ふ共、皆うけ太刀と云物になりて、取紛《とりまぎ》るゝ心有て、慥成《たしかなる》道にてはなき事也。同くは我身は強く直にして、人を追廻し、人に飛はねさせ、人のうろめく様にしかけて、慥に勝所を専とする道也。大分の兵法に於ても、其理有、同じくは人数かさを以て、敵を即時にせめつぶす心、兵法の専也。世の中、人の物をしならふ事へいぜいもうけつ、かはしつ、ぬけつ、くゞつつしならへば、心道にひかされて、人にまはさるゝ心有。兵法の道直《すぐ》にたゞしき所なれば、正理を以て、人を追廻し、人をしたかゆる心肝要也、能く吟味有べし。

4 太刀のテクニックが多い他流派のこと Schools with Many Waza

太刀の形《かた》とテクニックを門下生に多く教えることは、兵法の道を売り物にしていることであり、豊富に思える知識で初心者を感心させるためであろうから、それは、兵法では嫌うものである。

なぜなら、人を斬る方法が色々あると思うこと、それ自体が迷いだからである。世の中で、人を斬る方法に違いはなく、兵法を知る者も、知らない者も、女や子供であっても、打ち、叩き斬るという方法は、たくさんあるわけではない。

もし、変わりがあるとすれば、「突く」か「薙《な》ぐ」ぐらいである。

そもそも、斬るためであるから、その方法に、数多くの子細があるはずがなく、けれども場所や状況に応じて、例えば上方や脇が詰まったところでは、太刀が使えなくなるので、先述した「五方の構え」という五つのメソッドがあるのだ。

それらに付け加え、「手をねじり」、「身体をひねり」、「飛ぶ」、「開く」ことなども、敵を斬る方法としては、実《まこと》の道ではない。

人を斬るのに、ねじっても、ひねっても、飛んでも、開いても、斬れないのであり、これらすべて、まったく役に立たないのである。

二天一流においては、姿勢も、心も、まっすぐにして、敵をねじらせ、ゆがませ、敵の心が、ねじ曲がるところで勝つのが、肝要なのである。

重々研究するように。

一、他流に太刀かず多き事　太刀の数余多《あまた》にして、人に伝ふる事、道をうりものにしたてゝ、太刀数多くしりたるを、初心のものに深く思はせん為成べし、兵法に嫌ふ心也。其故は人をきる事、色々あると思ふ所、まよふ心也。世の中に於て、人をきる事、替る道なし、知る者も知らざる者も、女童子《わらわべ》も打たゝききると云道は、多くなき所なり。若《もし》かわりては、つくぞなぐぞと云外はなし。先きる所の道なれば、数の多かるべき仔細にあらず、され共、場に依り道に随ひ、上わきなどのつまりたる所にては、太刀のつかへざるやうに持《もつ》道ありそは、五方とて五ツの構は有べきもの也。夫より外にとりつけて、手をねじ、身をひねりて、飛、ひらき、人をきる事、実の道に非ず。人をきるに、ねじてきられず、ひねりてきられず、飛できられず、ひらいてきれず、かつて役に立たざる事也。我兵法に於ては、身なりも心も直《すぐ》にして、敵をひずませゆがませて、敵の心のねぢひねる所を勝事肝心也。能々吟味有べし。

5 他流派の構えに関すること Schools that Emphasize Stances

太刀の構えばかりを気にすることは、間違いである。

この頃でいう「構え」とは、敵のいないときのことである。

その理由は、昔からの先例であるとか、今のルールであるなどといって、フィックスされた典則を立てることは、勝負の道には、あってはならないからであり、兵法では、その時々の相手にとってマイナスになることを考えるものなのである。

何事も「構え」ということは、動かないことに気を付けることである。

あるいは城を構え、あるいは陣を構えるなど、敵に攻撃されても、断固として動かないことが、世間並みの意味である。

先手を取ることが求められる勝負において、「構える」というのは、敵の先手を待つことになる。

くれぐれも思慮するべきことである。

勝負の道は、相手の構えを左右させ、敵の予期できない行動を仕掛け、あるいは、敵をうろたえさせ、怒らせ、またはおびやかし、敵が混乱したリズムに乗っ取って、勝つものだから、「構え」という守備のスタンスを嫌うのである。

そこで、二天一流では、先に挙げたように、「有構無構」といって、「構えあって構えなし」なのである。

合戦でも、敵の人数の多少を把握し、戦場の状況に応じて、こちらの軍勢の戦力を理解し、そのストロングポイントを活かし、陣を編成してから、戦いを始めることは、合戦のキーポイントである。

相手に先手を取られ、攻撃されるときと、自分から主導権を取って仕掛けるときでは、戦いのアドバンテージは、二倍も違うのである。

自分の太刀をよく構え、敵の打ち込んでくる太刀をよく受け、よく打ち払ったと思っても、受け身になると、たとえ槍や長刀のような長い武器を持っても、ディフェンスのために柵（フェンス）を構えるのと同じことなので無意味であり、敵を攻めるときは、逆に、柵の木を引き抜いて、槍・長刀として使うほどの気持ちがあるとよい。

くれぐれも熟知しておくように。

一、他流に太刀の構を用る事　太刀の構を専らにする所、ひが事也。世の中に構のあらん事は、敵のなき時の事なるべし。其仔細は昔よりの例、今の世の法《のり》などゝして法例をたつる事は、勝負の道には有べからず、其あいてのあしき様にたくむ事也。物毎に構と云事は、ゆるがぬ所を用る心也。或は城をかまゆる、或は陣をかまゆるなどは、人にしかけられても、つよく動かぬ心、是常の儀也。かまゆると云心は先手を待心也。能々工夫有べし。兵法の勝負の道、人の構をうごかせ、敵の心になき事をしかけ、或は敵をうろめかせ、或はむかつかせ、又はおびやかし、敵のまきるゝ所の拍子の理をうけて勝《かつ》事なれば、構と云、後手の心を嫌ふ也。然る故に我道に有構無構といひて、構は有りて構は無きと云所也。大分の兵法にも敵の人数の多少を覚え、其戦場の所を受、我人数の位を知り、其徳を得て人数をたて戦をはじむる事、これ合戦の専也。人に先をしかけられたる時と我人にしかくる時は、一倍もかはる心也。太刀を能《よく》構へ、敵の太刀を能受、能はるとおぼゆるは、鑓長太刀を持て、さくにふりたると同じ、敵を打時は、又さく木をぬきて鑓長太刀につかふ程の心也。能々吟味有るべき事也。

6　他流派の「目付《めつけ》」について

“Fixing the Gaze” in Other Schools

目付についていえば、流派により、敵の太刀に目をフィックスするものもあり、また手を見る流派もあり、あるいは顔を見つめる、あるいは足などに目を付ける流派もあり、そのように、意識してどこかに目を付けようとすると、混乱させることもあって、兵法の病《やまい》というものになる。

なぜなら、例えば上手く鞠《まり》を蹴る人は、鞠をよく見なくても、「びんすり」といって鬢《びん》のところで鞠を蹴るというようなハイレベルなテクニックを発揮でき、慣れてくると、鞠を凝視する必要はないからである。

また、曲芸などをする際の技も、その道をマスターすると、扇を鼻の上に立てたり、刀を何振りも、手玉のように、空中に投げ上げてジャグリングできるが、これらは、しっかりと目を付けているわけではないが、慣れていれば、自然と見えるのである。

兵法の道においても、色々な敵との戦いに慣れて、その心のコンディションを感じ取り、兵法のメソッドを実践すると、太刀の遠近や遅速までもが、よく見えるものである。

兵法の目付とは大体、敵の意図を見抜くために、「心」に付ける眼である。

合戦では、その敵の軍勢・兵力に付ける眼である。

「観見《かんけん》」の二つの見方のうち、「観の目」を強めて敵の心の中を読み、その場の状態を見分け、全体に目を付け、それにより、戦いのシチュエーションを観察し、流れの強弱のアップダウンを把握して、確実に勝利を得ることが大事である。合戦でも一対一の戦いでも、小さいことに、目を付けてはならず、前述したように、細かく小さく目を付けたら、全体を見過ごして心に迷いが生じるため、確実な勝利を逃すものとなる。

この理路（リーズン）を、よく研究して、鍛錬すべきである。

一、他流に目付と云事　目付と云ひて、其流により、敵の太刀に目を付るも有、又は手に目を付る流も有、或は顔に目を付、或は足などに目を付るも有、其ごとく、とりわけて目を付んとしては、まぎるゝ心有て、兵法のやまひといふ物になるなり。其仔細は、鞠をける人は、鞠に能《よく》目を付ぬ共、ひんすりをけ、おいまりをしなかしても、けまはりてもける事、物になるゝと云所なれば、慥《たしか》に目に見るに及ばず。又ほうかなとするものゝわざにも、其道になれては、戸びらを鼻にたて、刀を幾腰もたまなどにとる事、是皆慥に目付とはなけれども、不断手になれぬれば、おのづから見える所也。兵法の道に於ても、其の敵〳〵としなれ、人の心の軽重を覚え、道を行得ては、太刀の遠近遅速迄も皆見ゆる儀也。兵法の目付は、大形《おおかた》其人の心に付たる眼也。大分の兵法に至ても、其敵の人数の位に付たる眼也。観見二ッの見やう、観の目つよくして、敵の心を見、其場の位を見、大きに目を付て、其戦のけいきを見、其折ふしの強弱を見て、まさしく勝事を得る事専也。大小兵法に於て、ちひさく目を付る事なし、前にもしるす如く濃《こまか》にちひさく目を付るによつて、大きなる事をとりわすれ、まよふ心出《いで》きて、慥なる勝をぬかすもの也。此利、能々吟味して鍛錬有べき也。

7 他流派のフットワークについて Footwork in Other Schools

他流のフットワークには、「浮き足」「飛び足」「跳ねる足」「踏み付ける足」「烏《からす》足《あし》」などといって、左足だけを蹴り足とする不自然な足さばきが色々とある。これはみな、二天一流から見れば、不足に思うところである。

「浮き足」を嫌う理由は、戦いになれば必ず、足が浮きやすくなるから、何としても、地面をしっかり踏むのが大切なことだからである。

また、「飛び足」を好まないのは、ジャンプするために、初めの準備動作を要して、降りたら、地面にぱたんと居付くことになり、幾度も飛ぶという道理はないので、「飛び足」は好ましいとはいえない。

また、「跳ねる足」は、跳ねるということであるから、勝負が捗らない。

さらに、「踏み付ける足」は、「待《たい》の足」といって、特に嫌うものである。

その他、「烏足」などという、フットワークもあるが、あるいは沼、湿地、あるいは山川、石が転がる野原、細い道などでも、敵と斬り合いになるから、戦いの場所によっては、飛び跳ねることもできず、そのような足さばきは踏めないものである。

わが二天一流においては、足さばきが変わることはない。

いつもの道を歩むのと同じ足さばきである。

敵のリズムに応じて急ぐときは、ゆっくりしている身体の状態を保ち、足らず、余らず、足さばきが乱れないようにすることである。

合戦においても、足の運びは肝要である。

というのも、敵の考えている作戦を知らず、必要以上に早く攻撃すると、リズムが狂い、勝ちにくくなるのだ。

また、足の踏み方が必要以上にやんわりだと、敵があわてて崩れるタイミングを逃し、勝機を失い、早く勝敗をつけることができないものである。

敵がパニックになって崩れるところを見分ければ、少しもリラックスさせないようにして勝つことが肝要である。くれぐれも鍛錬しておくように。

一、他流に足つかひ有事　足のふみ様に、浮足、飛足、はぬる足、ふみしむる足、からす足などゝ云て、色々左足をふむ事有。是皆我兵法より見ては不足に思ふ所也。浮足に嫌ふ事、其故は戦になりては、必ず足の浮たがるものなれば、いかにも慥《たしか》にふむ道也。又飛足を好まざる事、飛足はとぶをこり有て、飛びて居つく心有、幾飛も飛《とぶ》と云理のなきによつて、飛足悪し。亦はぬる足、はぬると云心にて、はかの行かぬもの也。踏しむる足、待《たい》の足とて、殊《こと》に嫌ふ事也。其外、からす足、色々の左足など有、或は沼ふけ、或は山川石原細道にても、敵ときり合《あう》ものなれば、所により飛はぬる事もならず、左足のふまれざる所有もの也。我兵法に於て、足に替る事なし。常の道をあゆむが如し。敵の拍子に随ひ、いそぐ時、静なる時の身の位を得て、たらずあまらず、足のしどろになき様有べき也。大分の兵法にしても、足をはこぶ事肝要也。其故は敵の心を知らず、むざとはやくかゝれば、拍子ちがひ、勝かたきもの也。又足ふみ静にては、敵うろめきありて、くづるゝと云所を見つけずして、勝事をぬかして、はやく勝負つけ得ざるもの也。うろめきくづるゝ場を見わけて、少《すこし》も敵をくつろがせざる様に勝事肝要也。能々鍛錬有べし。

8 他の兵法における速さの用い方

The Use of Speed in Other Schools

兵法では「速さ」だけを重視することは、実《まこと》の道ではない。「速い」か「遅い」かということは、物事のリズムの「間」に合うか合わないかによって、そのようにいうのである。

その道のマスターであれば、「速い」とは見えないもので、例えば、「飛脚」といって、一日に160～200キロメートルも進む人もいるが、これも、朝から晩まで速いのではない。

未熟な者は、一日中走っているようでも、効率は上がらないものである。

能楽の道においても、上手な人の謡《うたい》に、下手な者が付けて謡おうとすれば、遅れ気味になり、忙《せわ》しくなる。

また、太鼓や鼓で「老松《おいまつ》」を打つのにも、これはゆったりしたテンポの曲だから、下手な者はビートに遅れたり、忙しく叩いてしまう。

「高砂《たかさご》」はリズムの速い曲だが、速く打つことは、「速いのは転《こ》ける」といって、タイミングが合わなくなるが、遅いのも、もちろん悪い。

上手な人がすることは、スローに見えて、間が抜けることがない。

何事でも、マスターした者がすることは、忙しく見えないのである。

このたとえをもって、プリンシプルというものが理解できると思う。

特に兵法の道では、速いということはよくないことで、その理由はやはり場所で、沼や湿地などでは、胴体も足も速く動かすことができないからである。

太刀はなおさらで、速く斬ろうとしても、扇や小刀ではないので、パパッと素早く振っても、少しも斬れないものである。

これらのことを、重々理解してもらいたい。

何でもスピーディーに行うのが、よいわけではない。

「枕を押さえる」という気持ちがあれば、少しも遅いことはないのである。

相手がむやみに急いでいるときは、「背《そむ》く」といって、静かになって、敵に引っ張られないことが大切である。

このマインドを養う工夫と鍛錬を重ねるべきである。

一、他の兵法にはやきを用ゆる事　兵法のはやきと云所、実の道に非ず。はやきと云事は物毎の拍子の間にあはざるによつて、はやきおそきと云心也。其道上手になりては、はやく見えざるもの也、縦《たとえば》人にはや道と云て、四十里五十里行ものも有、是も朝より晩迄はやくはしるにてはなし。道の不勘なるものは、一日はしる様なれ共、はかゆかざるもの也。乱舞の道に、上手の謡ふうたいに、下手のつけてうたへば、後るゝ心有て、いそがしきもの也。又太鼓、鼓に老松をうつに、静なる位なれ共、下手は是にもおくれさきたつ心有。高砂は急なる位なれ共、はやきと云事悪《あし》し、はやきはこけると云て、間に合ず、勿論おそきも悪し。最も上手のする事は、緩々と見えて間のぬけざる所也。諸事しつけたるものゝする事はいそがしく見えざるもの也。此たとへを以て、道の理を知るべし。殊に兵法の道に於て、はやき云事悪し、其仔細は是も所によりて、沼ふけなとにて、身足共に早くゆきがたし。太刀はいよいよはやくきる事なし、早くきらんとすれば、扇小刀の様にはあらで、ちやくときれば、少もきれざるもの也。能々分別すべし。大分の兵法にしても、はやくいそぐ心悪し。枕をおさふると云心にては、少もおそき事はなき事也。人のむざとはやき事などには、そむくと云て静になり、人につかざる所肝要也。此心の工夫鍛錬有べき事也。

9 他流派における「奥」と「表《おもて》」

Interior and Exterior Teachings in Other Schools

兵法において、何を「表」といい、何を「奥」というだろうか。

芸によって、場合によっては極意・秘伝などという「奥」と、「表」である「入り口」があるかもしれないが、敵と打ち合うときの筋道として、「表」で戦って「奥」で斬り殺すということはない。

二天一流の教え方は、初めて兵法を学ぶ人には、その技の覚えやすいものから習わせ、早く理解ができる理路（リーズン）から先に教えるもので、容易に理解できないところは、その人の成長・進歩を見、少しずつ深いところのプリンシプルへと進み、教えていく。

けれども、大体のところは、実戦の場面で体得させるので、そもそも「奥義」とか、「入り口」というようなことはない。

世間によくいわれるように、山奥を訪ねるのに、さらに奥へ行こうと思えば、また入り口に出てしまうものだ。

いずれの道においても、「奥」の高度なテクニックが役立つこともあれば、「表」のベーシックな技を出してもいい場合もあるが、戦いの道においては、何をシークレットとし、何をオープンにするというのか。

従って、二天一流の兵法を伝えるのに、誓約書や罰則などという習慣は好まない。

この道を学ぶ人の実力を見、正しい道を教え、兵法の様々な迷いや悪い癖を捨てさせ、自然と武士の実《まこと》の道に入り、澄み切ったマインドにすることが、わが兵法の教え方なのである。

くれぐれも鍛錬を怠らないように。

一、他流に奥表と云事　兵法の事に於て、何れを表といひ、何れを奥と云ん。芸により、ことにふれて、極意秘伝などゝいひて、奥口あれ共、敵と打合時の理に於ては、表にて戦ひ奥を以つてきると云事に非ず。我兵法おしへ様は、始て道を学ぶ人には、其わざのなりよき所をさせならはせ、合点の早くゆく理を先に教へ、心の及がたき事をば、其人の心をほどくる所を見分て、次第〳〵に深き所の理を後に教る心也。され共、大形は其事に対したる事様を覚えさするによつて、奥口と云所なき事也。されば、世の中に山の奥を尋るに、猶《なお》奥へ行んと思へば、又口に出るもの也。何事の道に於ても、奥の出合《いであう》も有、口を出してよき事も有、此戦に理に於て、何をかゝくし、何をか顕さん。然《しかる》によつて、我道を伝るに、誓紙罰文など云事を好まず。此道を学ぶ人の智力をうかゞひ、直なる道を教へ、兵法の五道六道の悪しき所をすてさせ、おのづから武士の法の実の道に入、うたがひなき心になす事、我兵法の教への道也。能々鍛錬有べし。

結 Summary

以上、他流の兵法を九つの項目にして、「風の巻」に大体のことを書き付けたわけだが、一つひとつの流派の「入り口」から「奥義」に至るまで明確に書き表すべきなのかもしれないが、意図的に「何流の何の極意」と名を書かなかった。なぜなら、それぞれの流派の観方は、人によって解釈も様々で、同じ流派の中でも、考え方が少しずつ変わるからであり、後々のために、何の流派の、どのテクニックなどは記載しなかった。

他流派のアウトラインを九つに分けて、世の中の人々が修行している方法を見てみると、長い刀に偏ったり、短い刀のアドバンテージにセオリーを付けたり、強弱に偏り、荒いか細かいかなどといい、すべてが偏った道であるから、他流の「入り口」や「奥義」などと書かなくても、みなに分かるだろう。

二天一流においては、太刀の使い方に「奥義」も「入り口」もなく、構えや形《かた》に極意もなく、ただ、心を込め、兵法から得られる全能力を体得するところにこそ、兵法の要諦があるのだ。

右他流の兵法を九ヶ条として、風の巻に有増《あらまし》書付る所、一々流々口より奥に至るまで、さたかに書顕すべき事なれ共、わざと何流の何の大事其名を書しるさず。其故は一流〳〵の見たて、其道〳〵のいひわけ、人により心に任せて、それ〳〵の存分有ものなれば、同じ流にも少々の替るものなれば、後々迄の為に、ながれ筋共書《かき》のせず。他流の大体九ッに云分て、世の中の道、人の直なる道理より見せば、長きにかたつき、短きを理にし、強き弱きもかたつき、あらきこまかなると云事も、皆へんなる道なれば、他流の口奥と顕さず共、皆人の知るべき儀也。我一流に於て、太刀に奥口なし、構に極《きわま》りなし、唯心を以て其徳を弁《わきま》ふる事、是兵法の肝心也。

正保二年五月十二日　　新　免　武　蔵

寺尾孫之丞殿

寛文七年二月五日　　寺尾夢世勝延（花押）

山本源介殿

解説 武蔵のいう「吟味」が意味するもの

「風」の巻では、武蔵が、他流派の剣術に見出した特質を紹介している。「風」とは、流行していることを意味する。流派名は述べないが、パワーばかりに頼るものやスピードだけに頼っている流派の愚かさを論じ、形《かた》や手順を多く取り入れることを余計なものと批判している。

武蔵は『五輪書』の中で、ほとんどすべてのアドバイスを、簡潔な一文で締めくくっている。「能々吟味有べき也」といったものである。まるで、あまり詳しく説明する時間や気力がないために、教えを簡潔にしているようにも読み取れる。「ま、こんな感じで、あとは自分で考えろ！」と。

しかし、これは武蔵の意図するところではないだろう。「水」の巻でも「この書を読むだけでは、兵法の道のマスターには、到達できない。ここに書き付けた内容を、ただ『見る』とか、『習う』とか、『物まねしよう』と思うのではなく、自分自身の心の中から掘り当てたプリンシプルとなるよう、いつもそのつもりで、本気で工夫を凝らし続けなければならない」と述べている。

　彼の弟子に対するアプローチは、決して怠慢なものではない。最近、様々なスポーツのトップレベルのアスリートやコーチたちが活用しているコーチング哲学の一つの原型といえるかもしれない。それはアスリートセンタード・コーチング（選手中心指導法）である。

『武道教育論』（日本出版放送企画）などの著作がある曽根喜美男氏が指摘したように、日本人的教育観とは、①与え過ぎ、詰め込み主義的教育観、②個よりも集団を大切にする教育観、③「鉄は熱いうちに打て」式の教育観、④「完全主義」になり過ぎる教育観（長所を伸ばさず、欠点を指摘）があり、これには⑤真面目過ぎる（頑固）武道教師の、「百練自得」という概念が災いしているものと考えられる。

　それに対して、アスリート中心のコーチングというのは、過去二十年間の心理学や教育学の研究において注目され、スポーツにおいて、いくつかのポジティブな意味を持っている。アスリートとコーチに力を与え、アスリートの個人的な成果に焦点を当てている。

　スポーツにおける人間性の充足は、多くの支持者を得て、ポジティブさと全人格の発達を促進することで、「人間的（ヒューマニズム）コーチング」の実践を強調する結果となっている。この実践は、自己実現や自己充足を求めて、満たされていない可能性を追求する人間の努力に焦点を当てている。

スポーツ教育学における「ヒューマニズム」の考え方には、いくつかのテーマが潜んでいると思う。人には様々な感情や考え方があるのだから、経験したことを個人的に解釈することは、その人に合ったものでなければならない。武蔵は『五輪書』の中でこのような考えを明らかに述べている。

また、心と身体が別々の関係にあるという概念は否定され、相互につながっているという見方がされている。それに、個人の自由と自律性は、選択と意思決定の自由を通して促進される。さらに、経験を部分的に分析するのではなく、全体として分析する。最後に、本質的に同じように経験する人はいないので、自分自身を知ることを常に追求するべきである。

これらはすべて、アスリート中心のコーチングの狙いであるといえよう。協調的で操作的でない方法に重点を置いたアスリート中心のコーチングは、民主的、対話的、協調的、共感的であると定義されている。

このようなコーチングでは、スポーツに対する理解を深めるために、アスリートに課題や質問を投げかけることがある。また、コーチはアスリートと意思決定のプロセスを共有し、アスリートが理解を維持し、アスリートとしての能力に自立と確信を持てるような方法でフィードバックを行う。これはウェールズのラグビーチームのアプローチと同様であり、日本でも少しずつではあるが、一般的になりつつある。

選手を中心としたアプローチは、コーチングにおける否定的な表現から脱却し、多くのスポーツ界で見られる独裁的で「何が何でも勝つぞ」という勝利至上主義的な精神性の蔓延を抑制する。

もちろん、武蔵の時代こそ「負け＝死」ということで勝利至上主義だったたが、勝つことばかりに「こだわる」と逆に勝てなくなる。選手を中心としたコーチングは、促進と指導の姿勢を採用している。アスリートの心、身体、そして精神を教えることに焦点を当てることで、人間的なニーズを満たし、アスリートに力を与えることができる。これこそが、武蔵が「吟味」という言葉を使い続けて主張していたことではないかと思う。

空の巻

Ether Scroll

空は無限、兵法も無限

The Sky is the Limit

二天一流の兵法の道、「空」の巻としてここに書き表す。

「空」というのは、物事が何も無いこと、人知では計り知れないことを「空」と見るのである。

もちろん、「空」は無いことである。

有るところを知って、無いところを知る、これがすなわち「空」なのである。

世の中において、間違った見解から、理解しにくい物事を「空」と見るが、それは真の「空」ではない。それはみな、勘違いである。

この兵法の道にあっても、武士としての道を修行するのに、兵法を知らないのは

「空」ではなく、色々な迷いがあって、なすすべがなくなったところを「空」と呼ぶけれども、これも真実の「空」ではない。

武士は兵法の道をしっかりと会得し、色々な武芸のトレーニングに励み、武士として行う道の修行に熟練し、心に迷いがなく、何時も怠ることなく、本心と意志の両方を磨き、「観」と「見」の二つの眼を鋭く養って、少しも曇りなく、迷いの雲が晴れたところにこそ、真実の「空」があると知るべきである。

実《まこと》の道を知らないうちは、仏法にしても、世俗の法にしても、自分だけは間違っていないと思い、よいことだと思っても、インチキでない正しい本心で、世の中の客観的でスタンダードなものさしを当ててみると、その人その人の偏愛や偏見が、実の道に背くようにさせているのである。

この大切なポイントをよく理解し、まっすぐなことを根本として、実の心を道とし、兵法を広く修行し、正しく明らかに大局を把握して、「空」を道とし、道を「空」と見るべきである。

晴れ渡る「空」には、善はあるが、悪はない。

能力やノウハウといった「智」。

プリンシプルに則して得られるアドバンテージ、すなわち「利」。

そして、極めるべき「道」――。

わが兵法の道に貫かれる「マインド（心）」は、一点の曇りもない「空」のごとく、限りなく澄み渡る。


二刀一流の兵法の道、空の巻として書顕はす事。空と云心は物毎のなき所、しれざる事を空と見たつる事也。勿論空はなき也。有所を知りて、無所を知る、是則《すなわち》空也。世の中に於て、あしく見れば、物を弁《わきま》へざる所を空と見る所、実《まこと》の空には非ず、皆迷ふ心也。此兵法の道に於ても、武士として道を行ふに、士の法を知らざる所、空には非ずして、色々迷有りて、せんかたなき所を空と云なれ共、是実の空にはあらざる也。武士は兵法の道を慥《たしか》に覚え、其外武芸を能《よく》つとめ、武士の行ふ道少しもくらからず、心の迷ふ所なく、朝々時々におこたらず、心意二つの心をみがき、観見二ッの眼をとぎ、少もくもりなく、迷ひの雲の晴たる所こそ、実の空と知るべき也。実の道を知らざる間は、仏法によらず、世法によらず、おのれ〳〵は、慥なる道と思ひ、よき事と思へ共、心の直道《じきどう》よりして、世の大かねにあはせて見る時は、其身々々の心のひいき、其目々々のひずみによつて、実の道にはそむくもの也。其心をしつて直《すぐ》なる所を本《もと》とし、実の心を道として、兵法を広く行ひ正しく明らかに大きなる所を思ひとつて、空を道とし道を空と見るべき也。空は善有りて悪無し。智は有《う》也。利は有也。道は有也。心は空也。

正保二年五月十二日　　　　新　免　武　蔵

寺尾孫之丞殿

寛文七年二月五日　　　　寺尾夢世勝延（花押）

山本源介殿

解説　マスターへの道は停滞と進歩の繰り返し

武蔵が使う「空」は、仏教の無や涅槃や悟りの概念とは関係ないが、すべてが明確になる悟りの境地であると説明している。突破すること、あらゆる方法で自由になること、それが「空」の本質である。

ラテン語のaether《エーテル》（上層の純粋で明るい空気）から、古代の宇宙観では、エーテルは火や空気のより純粋なもの、あるいは第五の元素と考えられていた。このような理解は、日本語の「空」という言葉と非常によく似ている。

いずれにしても、この章は最も短い章であり、武蔵が亡くなる一週間前に、弟子に渡すまでには完成していなかったと思われる。また、内容的にも最も理解しにくい巻でもある。しかし、長年剣道をやっている私からすると、武蔵が言及している領域は、いわゆる「フロー」に似ているように思える。

心理学者のミハイ・チクセントミハイとジーン・ナカムラによって提唱された「フロー状態」とは、適切な条件の下で、何をしていても完全に没頭してしまう感覚のことである。チクセントミハイは数年前のＴＥＤトークで、「集中力が高まると、恍惚感や明晰感が生まれ、次から次へとやりたいことが明確になり、すぐにフィードバックが得られる」というようなことを述べている。

自分が夢中になっている活動や作業に全力で取り組み、一心不乱に没頭していると、フロー状態を体験するのに必要な条件が整ってくることがある。剣道の稽古中に経験をすることはあるが、心の中の雑音が消えていき、気が散らない状態になる。通常の状況では自分を蝕むような感情が溶けていき、自分の今、現在の行動に専念するだけになる。

フロー状態の特徴は、高い集中力があること。明晰な感覚である。フローの状態では、考えなくても身体と心がやるべきことを理解する。フロー状態を達成すると、ストレス、心配、自責の念など、一般的に心を曇らせる思考や感情は後回しになる。フロー状態で得られる幸福感は、一時的な高揚感にとどまらず、全般的な幸福感であり、永続的な幸福感や充実感でもある。また、フロー状態では、現在に集中するあまり、時間の経過が分からなくなる「無時間性」や「時間感覚の歪み」を体験することができる。

この十年間のＭＲＩ（磁気共鳴画像法）などの画像技術の進歩により、様々な精神状態のときに脳内で何が起こっているかを見ることができるようになった。通常の意識状態では、脳の前頭前野が活発に活動し、ストレスホルモンが分泌されている。しかし、フロー状態では、脳波が緩やかになり、ストレスホルモンが減少し、エンドルフィンやセロトニンなどの気分を幸せにする化学物質が脳に溢れることが分かっている。

フローで見られるこのような没入感には、自意識や心配事、不安から解放し、時間を忘れさせてしまうほどの力がある。何かのマスター（達人）は、心と身体を自動的に結び付ける能力を身に付けているからである。これは、人間の本質に深く根ざしたものである。マスターになると、心と身体が一体となり、新しいレベルの理解と技術を得ることができる。そして自分の専門分野を実践している最中でも、大局的に物事を見ることができ、その知識を使って自分の分野（道）で大きなことを成し遂げることができるようになる。マスターになるということは、達成すべき状態ではなく、生きていくための旅路なのである。もう一つのポイントは、学ぶことに対する姿勢、つまりプロセスに対する敬意を育むことである。例えば剣道をマスターしたければ、面打ちを「完璧」にするために、時間と忍耐と辛抱が必要であることを受け入れなければならない。

学ぶということは、上手になるまで何度も行うものではなく、継続的に行うものなのである。これも、武蔵の大事なメッセージの一つである。

しかし、マスターのマインドは、私たちに卓越性への明確な道筋を示してくれるが、現代社会は、ことごとくそれを拒絶しているような気がする。マーケティングは、習得することを放棄させ、手っ取り早い解決策を強調する。「たったの○週間で○キロ痩せる！」とか「○カ月で英語がペラペラになる！」といったキャッチコピーが氾濫し、広告主は自社製品を買えば、すぐに何かを「マスター」できると信じ込ませようとする。マスターとは、目に見える結果が出ない長期間の練習のうえに築かれるものであり、その道は上達の瞬間をもたらし、その後、再び地道な練習を行うことになる。

マスターへの道のりは、急な坂道ではなく、停滞と進歩の繰り返しなのである。そしてマスターになった証に、「空」の世界が見えてくる。いや、一時的に世界が「空」に見えてくるのだ。

解題

『五輪書』とは何か、宮本武蔵とは何者か

ここでは、「解題」として、学術研究者としての立場から、『五輪書』についての見解を述べてみたいと思う。

「宮本武蔵」の残影

そもそも「宮本武蔵」とは何者だろうか。そのことを解き明かそうとしても、残念ながら、『五輪書』とその他にも武蔵が著したとされる資料には、武蔵の生涯についての詳細が記されていない。十三歳の時に初めて生死をかけた決闘をしたことと、それからの十五年間、各地を旅して決闘をしたことだけが述べられている。

この期間の終わりに、六十回以上、人との戦いに勝利した彼の成功の理由が、真の知識や技術よりも運によるものだったことに気付いた彼は、今でいうところの中年の危機を経験した。三十歳のときに、彼は残りの人生をより大きな真理の追求に捧げることを決意したのである。禁欲的な訓練と瞑想の年月を重ねた後、彼は最終的に、剣術と決闘における

成功の「理合」は、人生の他のすべての側面における物事の達成と同じであることを悟った。それは『五輪書』の中心的なメッセージとして書き残されることになった。『五輪書』を普遍的で、永続的で、時代を超越したものにしているのは、この啓示と智恵によるものであろう。

しかし、武蔵の経歴の多くは、実際のところ、彼の死後ずっと後に書かれた『二天記』のような「記録」に由来している。江戸時代に流行っていた歌舞伎や、数えきれないほどの文学作品、紙芝居、人形劇などの作品も同様の効果を持ち、武蔵の向こう見ずなイメージは、大衆の想像力の最前線であり続けた。

武蔵が武術家としても、芸術家としても、天才であったことは間違いない。だが、武蔵の人生や功績を理想化することは不必要であり、いずれも彼自身がさせたことではない。しかし、ドラマやヒロイズムに対する人間の基本的な憧れを考えると、武蔵伝説は国境と時代を超え、武蔵は神のような存在として、さらに典型的な剣幕のスーパーヒーローとして、永久に語り継がれていくだろう。

大衆向けにつくられた娯楽以外に、武蔵の生涯を描いた準学術的な描写も、武蔵伝説の誇大化に貢献してきたようだ。例えば、日夏繁高の『本朝武芸小伝』は、江戸時代中期以前の偉大な剣豪とその流派について広く信頼されている情報源である。武蔵の没後約七十年後の一七一六年に出版されたこの本は、武蔵の名前を「マサナ（政名）」と間違えているにもかかわらず、特に京都での吉岡家や巌流島の小次郎との有名な決闘戦など、武蔵の業績に対する世間の認識を形成するのに役立った。

武蔵の死後、数十年、数百年後に書かれた資料が次第に詳らかにされてきたわけだが、事実を裏付けるものは何もないといっても過言ではない。二十一世紀に生きている我々は、江戸時代に書かれたものだから真実が描かれているだろうと思いがちだが、やはり注意が必要である。

「宮本武蔵」の真相と二冊の書

武蔵に関する著作の中では、次の二冊が最も影響力のあるものだが、両書に記録されている内容の多くは疑わしい。

まず、一七二七年に刊行された丹治峯均《たんじほうきん》（立花峯均とも呼ばれる）による『武州伝来記』という武蔵の伝記である。本書は、武蔵が創立した二天一流剣術の二祖寺尾孫之丞、三祖柴任《しばとう》三左衛門、四祖吉田太郎右衛門の三人の先師略伝と「自記」として五代丹治峯均の自伝を合わせて一書としており、開祖武蔵より自分に至る流儀の正統を伝えた伝記ということもできる。

著者は、九州で徳川家康のために反徳川勢力と戦った黒田孝高《よしたか》（福岡黒田家）の家老、立花重種《しげたね》の四男として福岡に生まれた。ちなみに吉川英治の小説などによると、武蔵が関ヶ原の戦いにおいて石田三成側で敗戦を味わったと書かれているが、関ヶ原の戦いではなく九州では黒田孝高に仕え、徳川の敵に対して戦ったという説がある。

そして、おそらく武蔵の生涯について最も影響力のある書物が、武蔵が晩年を過ごした熊本藩細川家の筆頭家老だった豊田景英《かげひで》が一七七六年に著した『二天記』である。

景英の祖父、豊田正剛は道家《どうけ》角左衛門など武蔵晩年の弟子たちに直接武蔵の話を聞き出し、記録した。武蔵マニアだった正剛は、武蔵に関するあらゆる資料を集めて、息子の豊田正脩《まさなお》に伝え、正脩はそれを『武公伝』（一七五五年）として著した。景英はこれにもとづいて『二天記』を執筆している。これらの書物はいずれも武蔵伝説を永続させたものであるが、分析すると空白を埋めるためにかなりの自由度を持っていることが分かる。

例えば、峯均は『武州伝来記』の中で、武蔵の若かりし頃のことや養父であった無二との大喧嘩のことを書いている。峯均によれば、武蔵は無二の十手の使い方や剣術をあまりリスペクトしていなかったという。これに怒った無二は短刀を投げ付け、九歳の武蔵を家から追い出し、武蔵は母方の叔父（僧侶）のもとで暮らすことになった。

峯均はまた、武蔵が風呂を嫌っていたと主張、一生風呂に入らずに過ごしていたと書いている。どうやら武蔵は、湯呑み一杯のお湯で身を清めることが十分だったらしい。このような逸話は武蔵神話の一部として定着しているが、まったく証拠がない。何よりも、武蔵の決闘は空想的に描かれている。武蔵自身が『五輪書』で述べているように、初めて死闘を経験したのは十三歳の時で、相手が有馬喜兵衛という塚原卜伝《ぼくでん》が創立した新当流の使い手だった。

峯均によると、有馬喜兵衛は武者修行に出かけて、播磨にたどり着いたら地元の武士に決闘申し込みの看板を掲げたという。謙虚さを徳として評価する現在の日本だが、誇らしげに自分の存在をアピールすることは、封建時代の武士たちにとっては生死を懸けた就職活動という役割を果たした訳だ。

武蔵はチャレンジャーとして、早速有馬喜兵衛に決闘を申し込んだ。武蔵が住んでいたとされる正蓮院の住職は、まだ十三歳の武蔵がここまで大胆なことをするのかと愕然としていた。

僧侶は急いで喜兵衛の下宿に行き、武蔵に謝罪させることを約束して、決闘を断るように懇願した。しかし、武蔵は考えを改め、長さ六尺（1・8メートル）の杖《じょう》を持って現れ、狂人のように杖を振り回して、有馬喜兵衛に突撃した。喜兵衛は攻撃をそらすために刃を抜いたが、武蔵は防御を貫通し、杖を捨てて、乱暴に喜兵衛を投げ倒した。喜兵衛はかろうじて意識があり、立とうとしたが、武蔵は杖を拾って、十四、十五回ほど打撃して打ち殺した。決闘戦は確かにあったが、このような「カラフル」な描き方は峯均の想像の産物である。

峯均のように、影英も著書の内容をフィクションで誇張する。より刺激的でストーリー性を強調するために他の物語から逸話を拾い集めたフランケンシュタインをつくった。巌流島での佐々木小次郎と武蔵の決闘など、今では標準的になっているが、誤りの多くは、影英の『二天記』に由来するものである。例えば、武蔵が小次郎の心を乱すために島への到着を遅らせたという考えは真実ではないであろう。対戦相手の「佐々木」という名字でも実在のものではなく、歌舞伎の小次郎の名前を借りたものである。ただ、そうした史実はさておき、「武蔵物語」は、江戸時代を通じて絶大な人気を博したのである。

『五輪書』と日本と日本人

明治後期・大正・昭和初期の日本になると、武蔵はまた脚光を浴びるようになった。文化人類学者エリック・ホブズボウムは、編著『創られた伝統』（邦訳書、紀伊國屋書店）で「祭や歴史的英雄やあらゆる国家儀式など、いわゆる伝統的慣例・習慣は、実は最近になって『創造』されたものが多い」と指摘している。そして「創造は国家、君主制、そして文化に正統性を加えるために行われ、ナショナリズム、民族、国家の象徴および歴史その他に深く関わっている」とも述べている。

明治維新によって武士という身分はなくなり、四民平等の社会となった。武士がいなくなったのだから、「武士道」も廃れたかといえば、そんなことはなかった。むしろ、ここから思想としての武士道が取り沙汰されることになる。

欧米諸国に負けぬように開国した日本は、近代国家として日本国民が凛々《りり》しい武士文化の後継者であるというような考えを教育制度、メディア、『軍人勅諭』、『教育勅語』などを通じて広めた。やがて、「武士道の精神が日本人のＤＮＡに刻まれている」と解釈されるようになる。それは、「武士道」と過去の誇り高き武士の概念が、「日本人」の新たなナショナルアイデンティティを築くことになったともいえよう。

明治末期から第二次世界大戦の敗戦まで、武士道と武道（剣道、柔道など）の近代的な概念は、自己犠牲のナショナリズム的な教義を吹き込むための強烈な教育ツールとして活用された。また、武士道は、日本人を世界に類のない「勇猛な精神を具現化する強大なウォリアー民族」としてのイメージを高めるためにも利用されていた。このような社会的・政治的環境の中で、近代的な武蔵ブームが到来したのである。

武士道や大和魂についての議論が盛んに行われる中、武蔵がサムライ文化のポスターボーイのような存在となっていった。近代剣道の開拓者であった高野佐三郎は、名著『剣道』（初版は一九一五年に剣道発行所より刊行）の付録に『五輪書』を掲載し、全国の学校で剣道の標準的な指導書となった。武蔵の教えは、この頃から現代剣道の理念・哲学に大きな影響を与えるようになった。現代剣道家の中には、宮本武蔵の教えを受けて、一本ではなく二本の竹刀を振るって稽古をする人もいる。

ただそのように、武蔵は日本人の大多数に最高の剣士として崇められる一方で、他方は武士の道のアンチテーゼを表すものとして、一部の人には嫌われている。主に批判されるのは、武蔵が相手を苛立たせるために臆病な戦術を使い、どんな手段を使ってでも勝とうとする、いわゆる不名誉な勝利である。

武蔵は六十回ほどの死闘で勝ったと『五輪書』に主張しているが、対戦相手が誰であったかを確認できる情報源は少ない。もしかすると武蔵は、無名で落ちぶれた剣士しか相手にしていなかったのではないか？　武蔵は単に、弱者を殺す殺人狂に過ぎなかったのではないか？　そうした疑惑が投げかけられ続けている。

現在は、誰かを「サムライ」と呼ぶことは、最高の賞賛を与えることなのかもしれない。それが、強さ、無我、勇敢さ、忠誠心、名誉を象徴する誉め言葉だからだ。だが、武蔵がどの程度、そのようなサムライの理想像だったかは意見の分かれるところである。

限られた史実の中での「宮本武蔵」

近代日本における武蔵のヒーローとしての評価は、吉川英治が東京朝日新聞に四年間にわたって連載したことにより固まった。一九三五年から始まった連載記事は、後に『宮本武蔵』という小説としてまとめられ、出版された。

これまで言及してきた通り、武蔵に関する知識の多くは、推測にもとづいている。『五輪書』のオリジナル原本は発見されず、写本しか残っていない。武蔵の手による書物かどうかも疑う学者までいる。死後に弟子（寺尾孫之丞）が書き、単に武蔵の名前で署名しただけだ、という説だ。しかしながら、『五輪書』を執筆したのは武蔵だったに違いない。とはいえ、武蔵の真実について、誰もすべてのことは知らない。幸いなことに、近年これまで知られていなかった史料が発見され、武蔵の驚くべき生涯により確かな光を当ててくれる。今後も新しい史料が発見されることを期待している。真実が、より明らかになるかもしれない。

武蔵の出生地、生年月日、家系については、長い間論争の的となっている。武蔵は美作《みまさか》で生まれたという説もあれば、播磨《はりま》で生まれたという説もある（生誕年に関して、最新の魚住孝至の研究では一五八二年とされる。通説は一五八四年）。美作と播磨は近接しており、武蔵はその両方に住んでいただろう。美作説が浮上したのは、一九〇九年に宮本武蔵遺蹟顕彰会により出版された『宮本武蔵』である。しかし、記載されている参考資料には武蔵が亡くなってからずっと後に書かれたものがリサイクルされており、その信憑性は怪しい。

兵庫県加古川市の泊《とまり》神社では、一九六〇年代初頭に大変有用な木札が出土した。一六五三（承応二）年の日付で、地元の田原家の協力を得て修復工事が完了したことを記念して、社殿の内梁に取り付けられたものだ。

三百年もの間、人目に触れることのなかったこの板には、武蔵の甥であり養子にもなった宮本伊織の碑文が刻まれており、武蔵の家系の謎を解き明かしている。これは、武蔵が田原家から新免無二の養子であったという説を裏付けるものである。

武蔵自身が、『五輪書』の冒頭の一節で、自分が「播磨の武士」と述べている。また、無二の経歴も武蔵以上に不明瞭であるが、武術の腕前で勇敢だったことは明らかである。特に得意としていた十文字槍で一度の戦で七人の首を取ったといわれている。

創立した総合武術の当理流の目録に一刀剣法、二刀剣法、十手術、小太刀術、手裏剣術などの課目が記録されている。二振りの刀を開発したのは武蔵だと思われがちであるが、明らかに、無二から影響を受けている。無二が室町時代最後の将軍・足利義昭に招かれ、その腕前を披露した。将軍の師匠である吉岡直賢《なおかた》と対戦し、三回戦のうち二回戦で勝利した。これに感銘を受けた将軍は、無二に「日下無双」の称号を与えた。武蔵が、慣例に逆らおうとする強大な武士の養子になったのは間違いない。無二のもとで過酷な修行を積んだ武蔵は、確かにこの特徴を受け継いでいる。

関ヶ原の余波で、日本は浪人で溢れ返っていた。五十万人もの失業武士が田舎をうろついていたといわれている。徳川家康が天下を取ったといっても、社会はまだ非常に不安定だった。関ヶ原の戦いと一六一五年の大坂夏の陣までの十五年間は「武者修行」の黄金時代だった。名声を得る機会を求め全国各地を歩き、力を振るう。このとき、武蔵も修行の旅に出て、京都に向かったのである。

京都に来て二年後、その数年前に無二が勝負で勝った吉岡一門に挑戦した。一六〇四年、吉岡一門の当主である吉岡清十郎を破り、二度目の対決では弟である伝七郎を撃破する。三度目で最後の決闘は、清十郎の息子・又七郎との決闘であった。数人の敵に勝利を収め、ここから武蔵の伝説がエスカレートしていく。このような活躍は目に余るものではなかった。自分を「天下一」と宣言した武蔵は、もう無二の陰に隠れなくてもいいと思ったただろう。

武蔵の主張とその真相

武蔵は自信を持って円明流という、自分の流派を創立した。また、流派の目録ではなく技術の「理合」を説明するテキストブックといえる『兵道鏡』（一六〇五年）を執筆した。この時代に武芸流派の「教科書」というものは見当たらないので、実に画期的な書物だといえる。

武蔵は、『五輪書』に六十回以上の決闘を繰り広げたと主張している。最も有名なのは一六一〇年（魚住孝至の研究による。通説は一六一二年）に、船島（後に巌流島と改称）で行われた巌流小次郎との死闘であり、この勝負の詳細については長らく議論されてきたのだが、小倉碑の説明が最も真実に近いだろう。

武蔵が決して遅れていったのではなく、指定された時間で立ち合い、武蔵は四尺（121センチメートル）の木刀を小次郎の三尺（91センチメートル）の刃に振りかざした。武蔵は決定的な一撃で小次郎を倒した。これは事実であろう。

決闘する理由、その後何が起こったかに関しては、色々な記述があり、武蔵が、大胆ではなく悪者だと強調する資料もある。きっかけとしては、定かではないが、無二と小次郎が同時に細川藩の藩士たちに剣術を教え、弟子のジェラシーで対決になった説がある。しかし、指南同士で決闘するのは具合が悪いわけで、たまたま武者修行で九州にたどり着いた武蔵が、無二の代わりに依頼された。そうすると、藩主からすれば、どちらが勝ってもウィンウィンという理屈が成り立つ。

『二天記』などには、当時の剣豪たちとの試合の様子が記されている。これらの話が面白ければ面白いほど、その信憑性には議論の余地があることを注意したい。

例えば、よく知られている槍術の名人だった奥蔵院道栄との対決で、武蔵が短刀を使ったという話はおそらくなかったと思われる。同様に、鎖鎌を振り回す宍戸とその弟子たちとの決闘も有名だが、疑問が残る。どうやら武蔵は、宍戸の胸に短刀を投げ付けて、宍戸とその威圧的な3メートルの鎖のある鎖鎌の上手を倒したらしい。すべて有名なエピソードではあるが、残念ながら架空の話として認識すべきである。

小次郎との決闘から大坂城の包囲（一六一五年）までの武蔵の逃避行を描いた信頼できる資料がなかなか出てこない。おそらく、幕府が暴力的な行為を取り締まっていたからかもしれない。武者修行などは禁じられるようになったのだ。いずれにせよ、武蔵は小次郎との決闘の後、より深い哲学的理解を追求することに焦点を変えたのである。

ただ、武蔵が「平和主義者」になったわけではなく、戦闘に参加しなくなったわけでもない。一六一五年には夏の大坂城包囲戦で徳川側のために戦い、その後一六三七年の島原の乱にも参戦している。

武蔵がようやく漂着した場所

大坂の陣の後、武蔵は生まれ故郷に戻り、しばらく姫路にいた。この地域の大名は、本多、小笠原、伊勢の桑名、信州の松本などで、いずれも幕府からの移封で新参者であったが、武蔵は地元の知識人と人脈を持っていたため、一六一七年には姫路に移封されたばかりの本多藩の客人となった。客人として、武蔵は本多藩士に剣術を教えることになり、明石城築城のために隣の小笠原藩への協力を要請され、城下町の設計を任された。

戦乱の時代から抜け出したばかりで、姫路の本多家、小笠原家の客人として芸術表現の研鑽に励み、禅、絵画、彫刻、ランドスケープデザインなどを学んだ。この頃、武蔵は様々な芸術を求めるという点で、「道」としてどれほどの共通点があるのかに気付く。

芸術や職業はそれ自体が道であり、武士の道に劣るものではないと理解するようになった。このオープンマインドは、庶民に対する排他・傲慢な偏見を持つ一般的な侍の態度とは異なることは注意すべき点であろう。

一六三二年、小笠原藩は幕府の指示で明石から九州の小倉に移った。伊織は家老として彼らと一緒に同行する。武蔵は客人としての地位を維持したままだった。五年後の一六三七年、十七世紀最後の戦争といえる島原の乱が勃発する。伊織は惣軍奉行という重要な職務を命じられた。戦場で活躍した伊織は、その功績が認められ、若くして筆頭家老に昇進した。武蔵は小笠原忠真の甥である中津藩大名長次のもとで島原の乱にも参戦し、兵を指揮することになった。
前線での武蔵の活躍についてはほとんど知られていない。これは有名な話だが、彼は石に当たって大怪我をしたのだが、そのすぐ後の一六三八年に、尾張（名古屋）と江戸まで歩いていったことを考えるとそれほどではなかったようだ。就職先を探していたのだろう……。

武蔵の能力は明白であったにもかかわらず、剣術スタイルは、正統派にはまったく適合していなかったため、職に就くことができず、一六四〇年に細川忠利の客人として九州に戻っている。忠利は武蔵とほぼ同い年で、武芸と文芸の両方に長けていた。忠利は、三代将軍の剣術指導者であった柳生宗矩から『兵法家伝書』を直接受けた数少ない柳生新陰流の精鋭弟子の一人である。実際、将軍に招かれて柳生十兵衛と一緒に演武会を行ったこともある。

武蔵も『兵法三十五箇条』という書を執筆し、忠利に贈った。忠利はその一カ月後に死去したが、武蔵にとってこれは大きな痛手であった。武蔵は熊本に残って、坐禅や絵画の修行に励み、茶会や歌会に参加して藩士たちとの交流を深めていった。武蔵の有名な水墨画の多くは、この時期に制作されたものである。

この頃には、日本は政治的に安定し、戦争は遠い記憶となっていた。紛争を経験した最後の世代の一人である武蔵は、武士にアイデンティティが失われつつあることを感じていた。一六四三年に霊巌洞への巡礼を決意し、そこで『五輪書』を書き始める。一年後に病に倒れ、藩の家老に説得され熊本に戻って療養することになった。彼は五、六カ月間、論文の執筆を続けた。一六四五年五月十二日、まだ完成しているとは言い難い原稿を、弟子の孫之丞に渡した。

世俗的な財産すべてを手放し、生涯の厳しい修行の中で形成された彼の「兵法の道」の原則二十一箇条の戒律を簡潔にまとめた『独行道』を執筆し、一六四五年五月一九日に亡くなった。武蔵は「噎下障害」を患っていたとされており、末期の胃がんであった可能性がある。『武公伝』には、武蔵は甲冑を着て、すべての武器を持って棺に寝かされたと記されているが、これは普段の葬儀の習慣ではなかったし、おそらく真実ではないだろう。しかし、それは兵法の心を磨くために生涯を捧げた男の力強いイメージを想起させる。

参考文献

今井正之［解訳］『宮本武蔵　独行道　二天一流勢法』発行者：今井正之（一九八七年）
魚住孝至［校注］『定本 五輪書』新人物往来社（二〇〇五年）
魚住孝至『宮本武蔵―「兵法の道」を生きる』岩波新書（二〇〇八年）
魚住孝至『宮本武蔵―日本人の道』ぺりかん社（二〇〇二年）
エリック・ホブズボウム、テレンス・レンジャー［編集］、前川啓治、梶原景昭［翻訳］『創られた伝統』紀伊國屋書店（一九九二年）
岡田一男、加藤寛［編］『宮本武蔵のすべて』新人物往来社（二〇〇二年）
神子侃［訳］『五輪書』徳間書店（一九六三年）
ケヴィン・ダットン、アンディ・マクナブ［著］、木下栄子［翻訳］『サイコパスに学ぶ成功法則』竹書房（二〇一六年）
加来耕三『宮本武蔵剣聖・剣豪事典』東京堂出版（二〇〇一年）
加藤寛、植原吉朗『宮本武蔵・剣と心』NHK出版（二〇〇三年）
久保三千雄『宮本武蔵とは何者だったのか』新潮社（一九九八年）
司馬遼太郎『宮本武蔵』朝日新聞社（一九九九年）

参考文献

高野佐三郎『剣道』剣道発行所（一九一五年）、朝野書店（一九二〇年・校訂版）
寺山旦中『五輪書　宮本武蔵のわざと道』講談社（一九八四年）
寺山旦中『武蔵の世界―「五輪書」技から道へ』柏樹社（一九九〇年）
西山松之助、渡辺一郎、郡司正勝『日本思想大系61　近世藝道論』岩波書店（一九七二年）
福田正秀『宮本武蔵研究論文集』歴研（二〇〇四年）
三橋鑑一郎［補注］『二刀一流剣道秘要』武徳誌発行所（一九〇九年）
宮本武蔵［著］、中村直勝［校註解説］『兵法五輪書　原寸巻子本 複製』講談社（一九七〇年）
宮本武蔵遺蹟顕彰会『宮本武蔵（復刻）』熊本日日新聞社・熊本日日新聞情報文化センター（二〇〇三年）
柳生宗矩［著］、渡辺一郎［校注］『兵法家伝書―付・新陰流兵法目録事』岩波文庫（二〇〇三年）
吉川英治『随筆　宮本武蔵』講談社（二〇〇二年）
吉川英治『宮本武蔵』新潮文庫（二〇一三年）
渡辺一郎［校注］『五輪書』岩波文庫（一九八五年）

〈訳・解説者略歴〉

アレキサンダー・ベネット

1970年、ニュージーランドに生まれる。千葉県の高校に交換留学生として1987年に初来日し、武道、武士道に関心を抱く。2001年、京都大学大学院人間・環境学研究科博士後期課程修了。博士（人間・環境学、京都大学）。国際日本文化研究センター助手などを経て2009年より関西大学准教授。2012年、カンタベリー大学言語文化研究科博士課程修了。Ph.D.（Japanese Studies、カンタベリー大学）。2015年より関西大学教授。剣道7段（教士）、銃剣道6段（錬士）のほかに、居合道、なぎなた、短剣道、古武道でも段位を取得、合計30段を超える武道家としても知られる。著書に『日本人の知らない武士道』（文春新書）、『武士の精神（エトス）とその歩み―武士道の社会思想史的考察―』（思文閣出版）があり、英文で執筆した著書・翻訳書は、宮本武蔵や武士道に関するものが多数ある。

装丁：上野かおる

真訳 五輪書

自分を超える、道を極める

2021年8月10日　第1版第1刷発行

著　者　宮本武蔵
訳・解説者　アレキサンダー・ベネット
発行者　後藤淳一
発行所　株式会社ＰＨＰ研究所
東京本部　〒135-8137　江東区豊洲5-6-52
出版開発部　☎03-3520-9618（編集）
普及部　☎03-3520-9630（販売）
京都本部　〒601-8411　京都市南区西九条北ノ内町11
PHP INTERFACE　https://www.php.co.jp/

組　版　朝日メディアインターナショナル株式会社
印刷所
製本所　図書印刷株式会社

ISBN978-4-569-84988-1